99 deutsche Texte zum Übersetzen

Gegliedert nach Textgruppen

Ausgewählt und erläutert von
Günther Haensch und Christel Krauß

Max Hueber Verlag

4. 3. 2.	Die letzten Ziffern
1993 92 91 90 89	bezeichnen Zahl und Jahr des Druckes.

Alle Drucke dieser Auflage können, da unverändert, nebeneinander benutzt werden.
2. Auflage 1983
© 1982 Max Hueber Verlag, D-8045 Ismaning
Gesamtherstellung: Druckerei Manz, Dillingen
Printed in the Federal Republic of Germany
ISBN 3–19–001309–8

Inhaltsverzeichnis

Selbstdarstellende Texte

Zeitungstexte

Auf Sachinformation ausgerichtete Texte

Normative Texte

Vorwort

Die vorliegende Textsammlung setzt Deutschkenntnisse etwa ab der Mittelstufe voraus.

Im Gegensatz zu anderen Textsammlungen, die nach ansteigendem Schwierigkeitsgrad geordnet sind, wie z. B. das im selben Verlag erschienene Werk „Deutsche Texte zum Übersetzen", wurden die in diesem Band gesammelten Texte nach *Textgruppen* gegliedert. Damit soll gewährleistet werden, daß der Benutzer nicht einseitig mit dem bestimmten Texttypus (z. B. dem literarischen), sondern mit möglichst vielen Arten von Texten, wie sie in der deutschen Sprache geschrieben und gelesen werden, konfrontiert wird.

Bei der Auswahl der Texte stand deshalb die Textvielfalt im Vordergrund, nicht die Progression.

In der (vor allem für den Lehrer bestimmten) Einführung werden die Anwendungen texttypologischer Kriterien bei der Auswahl der hier zusammengestellten Texte und die bei der Kommentierung verwendeten Abkürzungen näher erläutert.

Wenn die vorliegende Textsammlung über ihre Funktion als Materialsammlung hinaus einen Beitrag zu einem vertieften Verständnis der deutschen Sprache in ihren vielfältigen Äußerungen leistet, dann hat sie das von den Autoren angestrebte Ziel erreicht.

Günther Haensch   Christel Krauß

Einführung

Texte, wie sie heute im weiteren Sinne verstanden werden, begegnen uns in vielfältigen (mündlichen ebenso wie schriftlichen) Erscheinungsformen: als privater Brief ebenso wie als Gesetzestext, als Roman wie als Nachricht, als Zeitungsannonce wie als politischer Leitartikel, als Kochrezept wie als Gedicht. Die Frage nach Differenzierungs- und Gruppierungskriterien innerhalb dieser Vielfalt hat nicht nur den Textlinguisten zu interessieren. Sie ist gerade auch für den Sprachunterricht von großer praktischer Bedeutung, weil die typenspezifischen Merkmale eines Textes zugleich wesentliche Kriterien darstellen, auf die bei sinnvoller Lektüre, Analyse und Übersetzung keinesfalls verzichtet werden kann.

Selbstdarstellende Texte

Zum Typus der selbstdarstellenden Texte gehören Tagebücher, Autobiographien und Lebensläufe. Im Mittelpunkt, insbesondere des privaten Tagebuchs, steht ein sich selbst reflektierendes und kontrollierendes Ich. Der hohe Grad an Subjektivität erfaßt alle Teile der Aufzeichnung (Erlebnisse, Begegnungen, Träume, Leseerfahrungen usw.). – Während das Tagebuch üblicherweise Tag für Tag Aufzeichnungen in spontansprachlicher Manier (Ellipsen, Ausrufe, Wortwiederholungen usw.) bietet, befaßt sich die Autobiographie mit der Vergangenheit des Schreibers. Ihr Rückblick ist mehr globaler Art. Der Autobiograph überblickt das Vergangene und gestaltet es aus der gewonnenen Distanz. – Lebensläufe, die zumeist in Bewerbungssituationen verfaßt werden, haben die Aufgabe, den Leser in präziser Form über den äußeren (z. B. beruflichen oder schulischen) Werdegang des Autors zu unterrichten. Für sie gilt die Norm einer nicht-intimen, nicht-spontanen, mehr „offiziellen" Sprache. Memoiren und Notizbücher (z. B. im Stil des Reise- oder Fahrtentagebuchs) unterscheiden sich schwerpunktsmäßig vom selbstdarstellenden Texttypus. Obwohl häufig ebenfalls in der Ich-Form verfaßt, dominieren hier Berichte über andere Personen, Sachen oder Sachverhalte, Darstellungen der sozialen Funktion des Autors im öffentlichen Leben, selten das Ich als ein seelisch Betroffenes.[1]

Zeitungstexte

Die Unterteilung dieser Gruppe ergab sich anhand der Informationstypen innerhalb einer gesamten Tageszeitung. Dort finden sich lokale Nachrichten mit Berichten über Ereignisse aus der jeweiligen Umgebung, Feuilletontexte, allgemeine Informationen und Werbetexte. Innerhalb dieser Untergruppen sind die Texte nach

---

[1] Vgl. *E. U. Große:* Text und Kommunikation, Eine linguistische Einführung in die Funktionen der Texte, Kohlhammer Stuttgart 1976

inhaltlichen Gesichtspunkten und nach Schwierigkeitsgrad geordnet. Da eine deutsche Zeitung das Medium ist, mit dem der Teilnehmer sowohl in Deutschland als auch im Ausland ohne Schwierigkeiten in Berührung kommt, empfahl es sich, Texte aus möglichst vielen verschiedenen Untergruppen zu behandeln.

Auf Sachinformation ausgerichtete Texte

Die in diesem Kapitel erfaßten Texte sind dominant sachinformierend. Bei unserer Auswahl gingen wir von drei inhaltlichen Textgruppen aus. Eine große Gruppe umfaßt Texte, die über Städte und Länder berichten. Eine andere Gruppe · beinhaltet Texte, die historische Informationen vermitteln. Eine dritte Gruppe enthält verschiedene Themen von allgemeinem Interesse. Der Anteil deutender und wertender Meinungskundgaben durch die Verfasser variiert erheblich innerhalb der einzelnen Textgruppen. So enthält ein Korrespondentenbericht in der Regel mehr wertende Stellungnahmen als eine Nachricht oder eine Meldung, ein auf die Darstellung objektiver Sachverhalte ausgerichteter wissenschaftlicher Text weniger persönlich wertende Elemente als eine journalistische Problemdarstellung, die ihren Leser (Hörer) über die sachlich richtige Information hinaus zu eigener Reflektion und Reaktion anregen will.

Normative Texte

Bei diesen Texten will der Sender beim Empfänger oder einer Gruppe von Empfängern eine bestimmte Art von Handeln erreichen. Diese Texte haben also präzeptiven, z. T. auch normativen Charakter. Eine große Gruppe innerhalb dieser Textklasse machen die juristischen Texte aus, die durch Setzung von allgemeinen Rechtsnormen (Gesetze, Verordnungen usw.) oder Vereinbarung von Verpflichtungen die Ausführung (Gebot) oder auch Unterlassung von Handlungen (Verbot) bezwecken. Bei den juristischen Texten ist das formale Element besonders stark ausgeprägt, deshalb sind formelhafte Wendungen besonders häufig und auch charakteristisch für diese Art von Texten. Aber auch die sonstigen die Interaktion regelnden Texte präzeptiven Charakters sind durch eine gewisse Formelhaftigkeit gekennzeichnet, z. B. bei Kochrezepten, bei Arbeits-, Bedienungs- und Gebrauchsanweisungen (häufiger Gebrauch des Infinitivs mit Imperativfunktion, z. B. „Vor Gebrauch schütteln!", „Bei starker Erhitzung das Gerät abschalten . . .") usw. Die am meisten an Rechtsnormen orientierte Sprache ist jedoch die Rechts- und Verwaltungssprache. Da bei diesen Texten sowohl von der Form (besondere Fachterminologie, Formelhaftigkeit, oft schwierige Syntax) als auch vom Inhalt (z. B. Verständnis von juristischen und technischen Zusammenhängen) eine Reihe von Schwierigkeiten bestehen, stellen sie an Lehrende und Lernende hohe Ansprüche.

Die Verfasser hielten es für richtig, besonders schwierige Wörter, Redewendungen, Zitate usw. kurz zu erläutern, vor allem, wenn die üblichen Wörterbücher hier nicht oder kaum weiterhelfen. Auch erschienen bestimmte Erläuterungen

inhaltlicher Art (z. B. biographischer, bibliographischer, geographischer Art usw.)
notwendig, um den Kontext verständlicher zu machen. Die Anmerkungen wurden
auf ein Minimum beschränkt; nur bei besonders anspruchsvollen fachsprachlichen
Texten mußten mehr schwierige Termini und Redensarten erläutert werden.
Anhand dieser Erläuterungen sollen Lehrer und Schüler in die Lage versetzt
werden, typenspezifische Merkmale wiederzuerkennen (Lektüre), sprachlich
umzusetzen (Übersetzung) und gesamtheitlich auszuwerten (Analyse).

Abkürzungen

Abk.	Abkürzung	*iron.*	ironisch
adm.	administrativ, Verwaltungs-	*j-d*	jemand
	sprache	*j-m*	jemandem
allg.	allgemein	*j-n*	jemanden
arch.	archaisch, veraltet	*j-s*	jemandes
bayr.	bayrisch	*jur.*	juristisch, Ausdruck aus der
berlin.	berlinerisch		Rechtssprache
bes.	besonders	*lat.*	lateinisch
BRD	Bundesrepublik Deutsch-	*lit.*	literarisch
	land	*med.*	medizinisch
DDR	Deutsche Demokratische	*mil.*	militärisch
	Republik	*mod.*	modern
d. h.	das heißt	*norddt.*	norddeutsch
dt.	deutsch	*pl.*	Plural
e.	ein	*poet.*	poetisch, dichterischer Stil
e-e	eine	*pol.*	politisch
e-r	einer	*rel.*	religiös
e-m	einem	*s.*	sich
e-n	einen	*sog.*	sogenannt
e-s	eines	*süddt.*	süddeutsch
ellip.	elliptisch	*umg.*	umgangssprachlich
etw.	etwas	*vgl.*	vergleiche
evt.	eventuell, möglicherweise	*z. B.*	zum Beispiel
fig.	figurativ, im bildlichen		
	Sinne gebraucht	*r* Mann = der Mann	
frz.	französisch	*e* Frau = die Frau	
geograph.	geographisch	*s* Kind = das Kind	

Selbstdarstellende Texte

LUISE RINSER[1]

1 Das Wunschbild

Fast von einem Tage zum andern begann ein völlig neuer Abschnitt meiner Kindheit. Ich lernte Vicki kennen. In der Nähe des Klosters [. . .] lag ein Meierhof[2]. Der Pächter hatte eine Tochter, die drei Jahre älter war als ich. Das war Vicki. Ich ging eines Tages an dem Meierhof vorüber. Da sah ich Vicki arbeiten [. . .] Die Arbeit schien ihr nicht die geringste Mühe zu machen [. . .] Ich sah ihre nackten braunen Beine, ihre Holzpantoffeln, ihr rotes Kopftuch [. . .] Sie war die Herrin des Hofes. Nach einiger Zeit führte sie ein Ochsengespann aus dem Stall und über den Hof [. . .] Das rote Kopftuch leuchtete fröhlich, und Vickis Singen schallte weithin über die Äcker. Überall blickten die Leute von ihrer Arbeit auf, eine ganze Welle von Fröhlichkeit lief über die Felder, an denen Vicki vorüberfuhr [. . .] Hinter einer Schlehdornhecke setzte sie sich ins Gras, zog ein Stück Schwarzbrot aus der Tasche und biß hinein. Ich stand in ihrer Nähe und bewunderte und beneidete sie. Sie saß so sicher da, sie hatte sichtlich bunte klare heitere Bilder in sich von ihrer getanen Arbeit, von ihrem Hof, von lauter Wirklichkeit. Sie gehörte ganz dazu, sie hatte ein unbestrittenes Recht, auf der Erde zu sein; sie war unangefochten[3] von Zweifeln, Ängsten, Sehnsüchten, Versuchungen. Was ihr zugehörte, kannte sie, und was sie nicht kannte, das bekümmerte sie nicht. Ich kam mir klein und erbärmlich vor beim Anblick dieses schönen kräftigen Bauernmädchens. Alles, was ich bisher geliebt hatte, war mir plötzlich verekelt [. . .] meine Frömmigkeit, meine geheimen Entrückungen[4]. Was waren sie im Vergleich zu diesem Leben, in dem alles offen dalag, alles von Farbe leuchtete und nach Erde und Sonne roch? Ich wollte so werden wie Vicki.

---

[1] *Luise Rinser* (1911): dt. Erzählerin der Gegenwart, in deren Werk die psychologische Deutung moderner Mädchen- und Frauengestalten eine wichtige Rolle spielt.
[2] *r Meierhof:* Pachthof, Bauerngut
[3] *j-n anfechten (rel.):* ihn versuchen, in Versuchung führen
[4] *e Entrückung (rel.)* hier: Weltferne, Distanz zur Realität

10

LILLI PALMER[1]

Liebeskummer

Als ich acht Jahre alt war, verliebte ich mich zum erstenmal. Das Objekt meiner Zuneigung war meine Lehrerin für deutsche Geschichte in der Waldschule. Das war eine ganz besondere Schule für damalige Zeiten, eine Art Internat – mit dem Unterschied, daß wir dort nicht schliefen, sondern abends um 6 Uhr nach Hause gingen –, besucht von ungefähr dreihundert Kindern, meistens Jungen. Eines der glücklichen Mädchen war ich.

Jeden Morgen formten die Schüler in Viererreihen am Stadtbahnhof Heerstraße[2] eine lange Schlange und marschierten die zwölf Minuten durch den Kiefernwald zum Haupteingang. Einige kamen mit Fahrrädern. Darunter ich. Ich fuhr hinter der Schlange her oder mitten dazwischen und brachte die Reihen durcheinander, um so nah wie möglich am Gegenstand meiner Leidenschaft zu kleben, was ihr schon am frühen Morgen auf die Nerven ging.

Sie war eine große, dünne Frau und stammte aus einer preußischen Adelsfamilie, die während der Inflation nach dem Ersten Weltkrieg alles verloren hatte. Sie war durchaus nicht hübsch, hatte ein ovales Gesicht und ihr glattes Haar streng nach hinten gebürstet, wo es im Nacken einen Knoten bildete. [. . .] Als ich mich in sie verliebte, war sie bereits ziemlich alt, mindestens achtundzwanzig. Sechs Jahre später, als ich die Schule verließ, war ich ganz entsetzt, als ich erfuhr, daß sie sich verlobt hatte. Sie hatte unserer Meinung nach mit vierunddreißig Jahren einen Fuß im Grab[3] und daher kein Recht auf einen Verlobungsring am Finger. [. . .]

Einige andere liebten sie auch, aber ich glaube, keiner machte dabei soviel durch wie ich. Noch vor meinem zehnten Geburtstag erlitt ich alle Folterqualen des unglücklichen Liebhabers.

Ich erinnere mich, wie ich sehnsüchtig und machtlos der Straßenbahn nachblickte, die sie davontrug, und zum lieben Gott betete, Er möge diese Straßenbahn oben schwimmen lassen, falls Er zufällig wieder eine Sintflut im Sinn haben sollte.

---

[1] *Lilli Palmer* (1914): deutschsprachige Schauspielerin und Schriftstellerin
[2] *in Berlin*
[3] *mit e-m Fuß im Grab stehen (fig.):* dem Tod nahe sein

J. P. Eckermann[1]

3 Die Entstehung eines künstlerischen Talents

Man hat gesagt, die Tiere werden durch ihre Organe belehrt, und so möchte man vom Menschen sagen, daß er oft durch etwas, was er ganz zufällig tut, über das belehrt werde, was etwa Höheres in ihm schlummert. Ein solches ereignete sich mit mir, und da es, obgleich an sich unbedeutend, meinem ganzen Leben eine andere Wendung gab, so hat es sich mir als etwas Unvergeßliches eingeprägt. Ich saß eines Abends bei angezündeter Lampe mit beiden Eltern am Tische. Mein Vater war von Hamburg zurückgekommen und erzählte von dem Verlauf und Fortgang seines Handels. Da er gern rauchte, so hatte er sich ein Paket Tabak mitgebracht, das vor mir auf dem Tische lag und als Wappen ein Pferd hatte. Dieses Pferd erschien mir als ein sehr gutes Bild, und da ich zugleich Feder und Tinte und ein Stückchen Papier zur Hand hatte, so bemächtigte sich meiner ein unwiderstehlicher Trieb, es nachzuzeichnen. Mein Vater fuhr fort von Hamburg zu erzählen, während ich, von den Eltern unbemerkt, mich ganz vertiefte im Zeichnen des Pferdes. Als ich fertig war, kam es mir vor, als sei meine Nachbildung dem Vorbilde vollkommen ähnlich, und ich genoß ein mir bisher unbekanntes Glück. Ich zeigte meinen Eltern, was ich gemacht hatte, die nicht umhin konnten, mich zu rühmen und sich darüber zu wundern. Die Nacht verbrachte ich in freudiger Aufregung halb schlaflos, ich dachte beständig an mein gezeichnetes Pferd und erwartete mit Ungeduld den Morgen, um es wieder vor Augen zu nehmen und mich wieder daran zu erfreuen.

Theodor Storm[2]

4 Jugenderinnerung

Ich war wieder in der kleinen Küstenstadt, in der ich einst die Tage meiner Jugend verlebte. Weit zurück lag jene Zeit, unabsehbar weit; denn es gibt Gräber, über die hinweg der Blick in die Vergangenheit unmöglich wird. Dennoch hatte es mich dahin zurückgezogen; in allen Jahren, die ich in der Fremde lebte, war immer wieder das Brausen des heimatlichen Meeres an mein inneres Ohr gedrungen, und oft war ich von Sehnsucht ergriffen worden, wie nach dem Wiegenliede, womit einst die Mutter das Tosen der Welt von ihrem Kinde ferngehalten hatte.

---

[1] *Eckermann, Johann Peter* (1792–1854): Sekretär Johann Wolfgang von Goethes
[2] *Theodor Storm* (1817–1888): Dichter des poetischen Realismus; bekannt vor allem durch die Novelle „Der Schimmelreiter"

Nun hörte ich es wieder, das Wiegenlied des Meeres; am Tage wanderte ich hinaus an seine Küste und ließ die Wellen zu meinen Füßen rauschen, des Nachts klang es hinüber in die schlafende Stadt, nur unterbrochen von dem tönenden Flug der Wandervögel, die in großen Zügen unsichtbar unter den Sternen dahinrauschten. Wie oft stand ich jetzt im Dunkel meines Gartens, blickte hinauf zu der lichten Sternenhöhe[1] und ließ mein Ohr von diesen Akkorden des Schöpfungsliedes erfüllen!

Ich entsinne mich eines Spätherbstnachmittages; so ungestört war ich seit meiner Heimkehr nicht durch die Stadt gewandert; denn der erste Novembersturm hatte die Gassen leergefegt. Ich sah mir die Häuser an und gedachte ihrer einstigen Bewohner. Hier auf der Bank unter den Linden, von deren Zweigen jetzt die letzten Blätter wehten, saß einst der lustige Herbergsvater[2], der uns Schülern stets das griechische „Heureka" zum Gruß entgegenrief – Heureka – Gefunden! – Ob man wohl das Wort auf seinen Sarg geschrieben hat?

Hans Carossa[3]

Erinnerungen eines Arztes

5

Als ich mich, vierundzwanzig Jahre alt, in der herrlich gelegenen Halbinselstadt Passau niederließ, um Kranke zu behandeln, da geschah es mit Vorbehalten. Ich gedachte, das Heilgeschäft nur so nebenher zu betreiben, im Hauptamt aber den Beruf des Dichters zu erfüllen. Wie sich das durchführen ließe, davon hatte ich keine deutliche Vorstellung; nur über eines war ich mir im klaren: jedermann sollte das Werk, niemand aber den Urheber kennenlernen. Wie sehr hatte ich bei solchen Absichten die eigene Natur, wie vollkommen die magischen Anziehungskräfte des Leidens verkannt! Zunächst ereilte mich das Geschick aller Ärzte, die an einem Ort zu kurieren beginnen: Es waren gerade die schweren, die von anderen aufgegebenen Fälle, die mein Wartezimmer besetzten. Viele nahmen an, ich käme, mit neuen unfehlbaren Methoden ausgestattet, von der Universität, und erwarteten das Unmögliche; andere hatten meinen Vater als tüchtigen Arzt kennengelernt und hielten den Sohn für den Erben seiner Erfahrung. Diese zweite Art Patienten machte mirs am wenigsten schwer; ihr genügte ich schon, wenn ich die weißen Tabletten verschrieb, deren Verpackung den väterlichen Namenszug aufwies.

---

[1] *e Sternenhöhe (poet.):* Sternenhimmel
[2] *r Herbergsvater (arch.):* Wirt
[3] *Hans Carossa* (1878–1956): Arzt, dt. Lyriker und Erzähler

KATJA MANN[1]

6 Erinnerungen

Wir haben uns auf sehr komische Weise kennengelernt. Thomas Mann „kannte"
mich von einem Kinderbildnis her, aber ohne zu wissen, daß seine zukünftige Frau
auf der Leinwand abgebildet war.

Es war ganz drollig. Als meine Brüder und ich Kinder waren – wir waren sehr nah
im Alter, alle zusammen nur vier Jahre auseinander –, gingen wir fünf in München
einmal auf einen Kindermaskenball: die vier Buben als Pierrots und ich als Pierrette
verkleidet. Wir trugen weiße Kostüme mit schwarzen Pompons, hatten lange
schwarze Strümpfe an und hohe weiße Mützen auf. Die Buben gingen in ihren
Pluderhosen und ich im Röckchen. Auf diesem Ball war auch der Maler Fritz
August Kaulbach, damals in München und über München hinaus in ganz
Deutschland sehr *en vogue*[2]. Er war Hofporträtist und neben Lenbach der
Malerfürst zu jener Zeit. Kaulbach war mit der den Kinderball veranstaltenden
Familie befreundet, kannte auch meine Eltern, und da sah er uns fünf Kinder an
jenem Abend und war ganz vernarrt in die fünf Pierrots. Dann besuchte er meine
Eltern, erzählte ihnen, er habe uns auf dem Ball gesehen, es sei so nett anzuschauen
gewesen, er müsse uns in unseren Kostümen malen. Nun, er malte uns zu fünft,
und das Bild war ein kolossaler Erfolg, wie Genre-Bilder ihn seinerzeit oft hatten.
Das Pierrotbild wurde dann auch in vielen Städten Deutschlands ausgestellt und
in verschiedenen Illustrierten reproduziert. Sogar Freunde von uns, die aus
Petersburg kamen, brachten Papierservietten, auf denen dieses Bild zur
Dekoration in einer Ecke abgebildet war. Nun, und der junge Thomas, der damals
vierzehn Jahre alt war, als ich sechs war, wohnte noch in Lübeck und hat wie viele
andere das Bild in einer illustrierten Zeitschrift gesehen. Es hat ihm so sehr
gefallen, daß er es sich ausgeschnitten und mit Reißnägeln über seinem Pult
befestigt hat. So hatte er es immer vor Augen gehabt, hatte aber keine Ahnung,
wer diese Kinder waren, denn der Name der Familie stand natürlich nicht darunter;
das Bild hieß einfach „Kinderkarneval". Diese Geschichte hat er mir später erzählt.
Das Bild hing in unserem Wohnzimmer, und als Thomas Mann dann in meinem
Elternhaus verkehrte, hat er es natürlich dort gesehen, und auch bemerkt, daß
das eine von den Kindern bin. Aber zu welcher Zeit er die Identität erkannt hat,
könnte ich nicht sagen. Ob sein Interesse für mich damit zusammenhing, daß er
das Bild als Junge besessen hatte, weiß ich nicht. Ich habe ihn nie danach gefragt.
Sein Interesse wird schon meiner Person gegolten haben, wie sie damals war, als
ich zwanzig Jahre alt war, und er mich in München sah.

---

[1] *Katja Mann:* Ehefrau des berühmten Schriftstellers Thomas Mann (1875–1955)
[2] *en vogue (frz.):* in Mode, modisch

PETER WEISS[1]

Der Ernst des Lebens

7

Schon wollte ich aufstehen, da stand meine Mutter vor mir, nie merkte ich, wie sie ins Zimmer kam, immer erschien sie plötzlich mitten im Zimmer, wie aus dem Boden emporgewachsen. Hast du deine Aufgaben gemacht, fragte sie; bist du schon fertig mit deinen Aufgaben, fragte sie noch einmal und ich sank wieder zurück in meine Müdigkeit. Aus meiner dumpfen Lage heraus antwortete ich, ich mache sie später. Sie aber rief, du machst sie jetzt. Ich mache sie nachher, sagte ich, in meinem schwachen Versuch des Widerspruchs. Da hob sie, wie in einem Wappenschild, die Faust und rief ihren Wappenspruch, ich dulde keinen Widerspruch. Dicht trat sie an mich heran und ihre Worte fielen wie Steine auf mich herab, du mußt büffeln, und wieder büffeln, du hast noch ein paar Jahre, dann wirst du ins Leben hinaustreten und dazu mußt du etwas können, sonst gehst du zugrunde. Du darfst mir keine Schande machen, sagte sie. Ich bin verantwortlich für dich, wenn du nichts kannst, dann fällt das auf mich zurück[2], leben heißt arbeiten, arbeiten und arbeiten und immer wieder arbeiten. Dann ließ sie mich allein. Neben mir auf einem Brett stand das Modell einer Stadt, das ich aus Papier und Zellofan, aus Drähten und Stäben erbaut hatte. Nach meinen zerstörerischen Spielen war dies der erste konstruktive Versuch. Es war eine Zukunftsstadt, eine utopische Metropole, doch sie war unvollendet, skeletthaft, ich wußte plötzlich, daß ich nicht daran weiterbauen würde. Ich mußte nach anderen Mitteln des Ausdrucks suchen.

GEORG HEYM[3]

Tagebuch

8

28. Mai: Es gibt keinen Menschen, der so sehr um Liebe kämpft wie ich. Ich mache ganze Expeditionen durch Berlin. Aber das Schicksal, dieser Satan, ist offenbar mein Gegner. Ich finde nie etwas. Ich bin überzeugt, daß wenn ich vorüber bin, die Mädchen herauskommen, oder daß in einer Nebenstraße ein Mädchen lang geht[4], das sich, wie ich, nach Liebe sehnt. Es muß anders werden, sonst werde ich wahnsinnig. Ich bin am verrückt werden[5].

---

[1] *Peter Weiss* (1916–1982): zeitgenössischer dt. Schriftsteller; bekannt durch politische Lehrstücke sozialistischer und antimilitaristischer Tendenz; am bekanntesten sein Drama „Die Verfolgung und Ermordung des Jean Paul Marat" (1964)

[2] *etw. fällt auf j-n zurück:* er ist schuld daran, wird dafür verantwortlich gemacht

[3] *Georg Heym* (1887–1912): bedeutender Lyriker des Frühexpressionismus, in seinem Werk besonders Darstellung der Gnadenlosigkeit der Großstadt und der fürchterlichen Einsamkeit des Menschen

[4] *lang gehen (berlin.):* entlang gehen

[5] *ich bin am verrückt werden (umg.):* ich werde allmählich verrückt

Jochen Klepper[1]

9 Tagebuch

11. Februar/Sonntag

Ruhiger Tag, draußen Sturm, der in den letzten Tagen manchmal fast wie Orkan war. Lektüre, Lektüre. Für den neuen [. . .] Aufsatz, den ich morgen pünktlich abschließe.
Aber woher nur in meinem Herzen diese Unruhe und Erregung, daß es um die Grundlagen meiner Zukunft geht, daß ich Entschlüsse fasse, Verzichte leiste, Opfer erbitten, ein Vabanquespiel[2] beginnen muß – immer in der Frage, ob denn das Talent alles das rechtfertigt? Warum geht es auf einmal so an Herz und Nieren[3] und läßt mir keine Ruhe? Wenn in mir Dinge vorgehen[4], von denen ich Hanni[5] noch nichts sagen kann, so fühle ich mich recht verlassen. –

10 Arbeitsschluß

Mittwoch, den 6. Juni

Die Zeiger der Uhr über der Eingangstür rücken auf fünf vor. Ich verstaue meine Akten im Schreibtisch, hole meinen Mantel vom Ständer und rufe den Kollegen noch einen schönen Feierabend zu.
Vier Treppen zum Erdgeschoß hinunter, am Haupteingang noch einmal fünf Stufen, dann links ab zum Parkplatz, um fünf nach fünf sitze ich bereits in meinem VW, und nur eine Minute später stehe ich an der großen Kreuzung, bei der – verdammt noch mal! – die Ampel, wie so oft am Feierabend, wieder mal auf rot steht.
Jetzt nur nicht zurückschauen auf den Glaspalast, jetzt nur an was anderes denken, abschalten, vergessen, eben Feierabend machen!
Acht Stunden Büro liegen hinter mir, acht Stunden Aktenkram über irgendwelche Lieferungen nach Südamerika, Schweden oder weiß der Teufel wohin.
Der Alte hatte heute wieder mal schlechte Laune, hat über Arbeit gemotzt[6], die zu lange liegengeblieben war, aber was kann ich dafür, daß der Kollege schon seit sechs Wochen krankfeiert[7]?

---

[1] *Jochen Klepper* (1903–1942): ein im christlichen Glauben wurzelnder Erzähler und Lyriker
[2] *s Vabanquespiel:* Glücksspiel mit unsicherem Ausgang
[3] *etw. geht an Herz und Nieren:* etw. trifft schwer, erschüttert stark
[4] *Dinge gehen vor (sich) (fig.):* etw. Geheimnisvolles geschieht
[5] *die Ehefrau des Verfassers*
[6] *motzen (umg.):* tadeln, nörgeln, protestieren
[7] *krankfeiern:* nicht arbeiten, ohne wirklich krank zu sein

Acht Stunden Bürokram liegen hinter mir, acht Stunden Abhängigkeit, die mein Freund Albert „Fremdbestimmung"[1] nennt, aber der ist ja auch ein Linker. Für heute liegt das weit hinter mir, jetzt hat die Freizeit begonnen. Endlich tun und lassen können, was man selber will!

Arbeitslos

11

Montag 6.30 Uhr

Der Wecker läutet, wie jeden Morgen um 6.30 Uhr. Im Halbschlaf richte ich mich auf, um ins Bad zu gehen: duschen, rasieren, ankleiden . . . „Bleib doch liegen", höre ich die Stimme meiner Frau, „ich muß doch ins Büro, nicht du". Mit einem Schlag bin ich wach. Die Worte treffen mich wie ein eisiger Guß. Natürlich hat sie recht. Ich kann liegenbleiben. Kein Chef, kein Schreibtisch, keine Arbeit warten auf mich. Ich, Franz Rutowski, 45 Jahre alt, von Beruf technischer Berater, bin arbeitslos. Seit fast einem Jahr gehe ich stempeln[2]. Seither hat sich die Welt für mich verwandelt.

Und doch hatte ich eine gute Stellung. Firmenberatung im Auftrag der Ziegelindustrie, Mercedes als Dienstwagen, selbständiges Arbeiten, ein interessanter Job. Auch meine Frau arbeitete. 1000 DM im Monat. Wir konnten uns eine hübsche Wohnung in der Stadtmitte leisten, 100 Quadratmeter, 250 Mark Miete ohne Heizung, neue Möbel, ein Volkswagen für meine Frau. Wir waren glücklich und zufrieden. Bis der große Knall[3] kam: die Wirtschaftskrise. Die Bauwirtschaft war zuerst betroffen, meine Abteilung wurde aufgelöst. Ich gebe es zu, es war ein ziemlicher Schock für mich . . . Ein paar Tage vergingen, bis ich mich gefangen hatte. Aber dann hatte ich den Kopf schon wieder voller Pläne und Ideen. Mein Gott, ich war ja in den besten Jahren, hatte berufliche Erfahrung, konnte zupacken . . .

Aber elf Monate sind vergangen, und noch immer ist keine Stelle in Sicht. Gewöhnt habe ich mich an diesen Zustand noch immer nicht. Jeden Morgen, wenn der Wecker läutet, weil meine Frau ins Büro muß, brauche ich eine Schrecksekunde, um mit dem Gedanken fertig zu werden: du kannst ja noch liegenbleiben, es gibt keine Arbeit, keine Aufgabe, die auf dich wartet . . . Immerhin, ich tue zunächst noch so, als wäre alles noch wie früher: ich gehe unter die Dusche, ich rasiere mich, ich ziehe ein sauberes Hemd an und einen Anzug.

Aber dann ist alles doch ganz anders. Meine Frau verläßt das Haus, ich höre die Türe zuschlagen, den Motor des VW anspringen, sehe ihr aus dem Fenster nach. Kurz darauf verschwindet auch unser zwölfjähriger Sohn in die Schule. Und ich bin allein.

---

[1] *Fremdbestimmung:* ein anderer als man selbst ordnet an, was man tut
[2] *Stempeln gehen:* Arbeitslosenunterstützung abholen
[3] *der große Knall:* hier: die Explosion, die die Krise auslöste

KONRAD ADENAUER[1]

12 Ankunft in Moskau

Am Donnerstag, dem 8. September 1955, pünktlich um 17 Uhr traf ich auf dem Flughafen Wnukowo ein, der dreißig Kilometer von der russischen Hauptstadt entfernt liegt. Ich wurde mit großem Aufwand empfangen. Ministerpräsident Bulganin, Außenminister Molotow, die Stellvertretenden Außenminister Gromyko und Semjonow und andere Regierungsmitglieder waren zu meiner Begrüßung auf dem Flugplatz erschienen. Als ich das Flugzeug verlassen hatte, spielte sich eine sehr feierliche Zeremonie ab. Mir zu Ehren war eine Ehrenkompanie aufgestellt worden, die man vorher, wie mir gesagt wurde, mit einer neuen Paradeuniform ausgestattet hatte. Sie war sehr farbenprächtig und glich der alten zaristischen Uniform.

Bulganin richtete einige freundliche Worte an mich, anschließend begrüßte mich der schwedische Gesandte als Doyen[2] des Diplomatischen Corps. Die Botschafter Frankreichs, Großbritanniens und der Vereinigten Staaten waren ebenfalls auf dem Flugplatz erschienen. Unmittelbar nach der Begrüßung erklang die Sowjethymne und anschließend die deutsche Nationalhymne. Es war sehr eindrucksvoll.

Ich gab eine kurze Erklärung ab, die, wie ich hörte, bereits am Nachmittag über den sowjetischen Rundfunk verbreitet wurde.

Die Fahrt vom Flughafen nach Moskau gab mir den ersten unmittelbaren Eindruck vom russischen Land und von der russischen Atmosphäre. Moskau mit seinen großzügig angelegten Avenuen und Prachtstraßen vermittelte sehr den Eindruck der Machtzentrale des kommunistischen Sowjetreiches. Von den berühmten Holzhäusern des alten Moskau war nicht viel zu sehen. Die gewaltigen Staatsbauten der stalinistischen Ära beherrschten das Bild der Stadt. Riesige Wohnblocks in nüchternem, modernem Stil waren im Entstehen.

Man hatte mich und meine Begleitung im Hotel Sowjetskaja untergebracht. Das Hotel Sowjetskaja liegt an der breit angelegten Leningrader Chaussee. Es war ein neues, modernes Hotel, bei dessen Bau man nicht gespart hatte. Die mir zur Verfügung gestellten Zimmer waren geschmackvoll eingerichtet; man hatte mir sogar ein Klavier hineingestellt.

Schon Tage vorher waren die meisten Mitglieder der deutschen Delegation mit einem Sonderzug nach Moskau gekommen. Dieser Sonderzug diente während der Moskauer Verhandlungen als Arbeitsort der deutschen Delegation. Journalisten prägten für ihn den Ausdruck „Botschaft im Ghetto". Der Zug bestand aus mehreren Wagen. In einem von ihnen waren Fernschreibgeräte und Telefonanlagen montiert, ein weiterer Wagen fungierte als Konferenzraum für besonders wichtige interne Besprechungen. Man hatte aus diesem Wagen alle Trennwände

---

[1] *Konrad Adenauer:* Bundeskanzler (1949–1965)
[2] *r Doyen:* Sprecher des diplomatischen Korps

entfernt. Der Wagen war nach Auskunft unserer Techniker absolut abhörsicher gemacht worden. Er stand unter besonderer deutscher Bewachung, und wir erklärten den Russen ganz offen, was für eine Bewandtnis es mit ihm habe. Noch am Abend meiner Ankunft in Moskau fuhr ich zu diesem Sonderzug, um die ganze Delegation dort zu begrüßen und um noch letzte vorbereitende Gespräche für die am nächsten Tag beginnenden offiziellen Verhandlungen zu führen. Die Höflichkeit der Russen und der Wille, eine gute Atmosphäre zu schaffen, fanden im Zusammenhang mit diesem Sonderzug einen besonderen Ausdruck. Man hatte eine völlig neue Rampe für unsere Delegationswagen gebaut, damit die dort arbeitenden Delegationsmitglieder nicht durch vorbeifahrende Züge gestört würden. Außerdem hatte man zwei hübsche Blumenbeete und sogar einen Springbrunnen angelegt. Das Ganze war von einem hohen, grün angestrichenen Bretterzaun umgeben und von einer Unzahl von Sicherheitsbeamten umstellt.

HANS KROLL[1]

Versetzung nach USA   13

Ende August 1925 erhielt ich, nicht ganz überraschend, den Erlaß, der mich an das Generalkonsulat in Chikago versetzte. Natürlich reizte mich die Aussicht, nach zweieinhalbjähriger Tätigkeit in der Sowjetunion, dem eigentlichen östlichen Nachbarn Europas, nun auch den westlichen Nachbarkontinent unseres Erdteils, die USA, kennenzulernen.
Die Trennung von meinen Freunden, den deutschen wie den russischen, fiel mir nicht leicht. Besonders schwer fiel mir der Abschied von Maria Alexandrowna. Sie war die Tochter eines im Bürgerkrieg gefallenen ehemaligen zaristischen Offiziers, hoch gebildet und in der russischen Literatur glänzend beschlagen. Maria hatte mich Russisch gelehrt und mir ihre Zuneigung geschenkt. Auch die Funktionäre, mit denen ich während meiner Tätigkeit in Berührung gekommen war, bedauerten meinen Fortgang. Ich war mit ihnen trotz aller Schwierigkeiten, die infolge der Unterschiedlichkeit der Systeme in unseren Ländern und der damit zusammen-hängenden Zwischenfälle unvermeidlich gewesen waren, persönlich gut ausgekom-men. Die in Odessa erscheinende *Istwestija* widmete mir, was bei Weggang eines so jugendlichen Beamten keineswegs üblich war, eine sehr freundlich gefaßte Abschiedswürdigung, in der meine Bemühungen um eine gute Zusammenarbeit und insbesondere um die Intensivierung unserer Wirtschaftskontakte lobend hervorgehoben wurden. Ich konnte somit auf das Ergebnis meiner Arbeit in der Sowjetunion mit Genugtuung zurückblicken.

---

[1] *Hans Kroll:* Dt. Diplomat und Botschafter

14 Lebenslauf

Ich wurde am 18. August 19 . . als Sohn des Großkaufmanns Erich Meyer und seiner Ehefrau Marianne, geb. Frenzel, in Berlin-Charlottenburg[1] geboren. Ich besuchte die Grund- und Hauptschule[2] in Berlin-Charlottenburg. Nach meiner Entlassung aus dem 9. Schuljahr wurde ich in die Berufsfachschule[3] für Wirtschaft in Charlottenburg aufgenommen. Dort legte ich Ostern 19 . . die Abschlußprüfung ab. Am 1. April 19 . . trat ich eine Ausbildungsstelle bei der Firma Frese & Kuhn, Textil-Großhandlung, in Berlin-Charlottenburg an. Ich war zunächst im Lager tätig, wo ich mich mit den Textilwaren verschiedener Art vertraut machen konnte. Im zweiten Ausbildungsjahr beschäftigten mich meine Ausbilder zunächst in der Verkaufsabteilung und dann in der Einkaufsabteilung. Im letzten Ausbildungsjahr war ich in der Buchhaltungsabteilung beschäftigt.
Während meiner Ausbildungszeit beteiligte ich mich an mehreren Lehrgängen in Spanisch. Auch an einem Lehrgang zur Vorbereitung auf die Abschlußprüfung nahm ich teil. Die Abschlußprüfung der Industrie- und Handelskammer[4], Sparte Großhandelskaufmann (Textil) bestand ich am . . . 19 . . mit der Gesamtnote „gut".
Nach Beendigung der Ausbildungszeit übertrugen mir die Herren Frese und Kuhn eine Kaufmannsgehilfenstelle in der Verkaufsabteilung. Hier obliegt mir vor allem der persönliche Verkehr mit der Kundschaft.

Hans Meyer

15 Lebenslauf

Ich wurde am 3. März 1916 in Stuttgart geboren, studierte Rechtswissenschaften, Volkswirtschaft und neue Sprachen in Tübingen, Heidelberg und Springfield/USA. 1938 legte ich die Prüfung als Übersetzer für Englisch und Französisch ab sowie 1939 die erste juristische Staatsprüfung[5]. Im gleichen Jahr wurde ich zum Kriegsdienst einberufen. 1950 kehrte ich aus russischer Kriegsgefangenschaft zurück. 1951 trat ich als Attaché[6] in den Auswärtigen Dienst[7] ein. Bis 1953 war ich in der Politischen Abteilung des Auswärtigen Amtes tätig und von 1953 bis 1957

---

[1] *Stadtteil in Berlin*
[2] *Grundschule:* Klassen I–IV, danach Übergang in weiterführende Schulen, z. B. Gymnasium, Realschule usw.
Hauptschule: Klassen V–IX, in einzelnen Bundesländern gibt es eine zusätzliche X. Klasse.
[3] *Berufsfachschule:* Lehranstalt für besondere Berufszweige
[4] *Industrie- und Handelskammer: Abk.* IHK, öffentlich-rechtliche Vertretung der Industrie und des Handels
[5] *Staatsprüfung (Staatsexamen):* in der Bundesrepublik Deutschland akademische Prüfung vor einer staatlichen Kommission
[6] *Attaché (frz.):* Anwärter im diplomatischen Dienst, *j-d* mit Aussicht auf e. diplomatisches Amt
[7] *Auswärtiger Dienst:* Tätigkeit im Außenministerium der Bundesrepublik Deutschland

den Botschaften in Madrid und in Mexiko zugeteilt. Im Anschluß daran leitete ich bis 1959 das Konsulat in Monterrey. Ab 1959 arbeitete ich als Referatsleiter[1] in der Zentralabteilung des Auswärtigen Amtes. Im Jahre 1965 wechselte ich als Referent in die Abteilung für Außenwirtschaftspolitik, Entwicklungspolitik und europäische wirtschaftliche Integration. Anfang 1970 wurde mir in dieser Abteilung als Ministerialdirigent[2] die Leitung einer Unterabteilung übertragen. Seit Juni 1973 vertrat ich im Range eines Botschafters die Bundesrepublik Deutschland bei der Europäischen Gemeinschaft in Brüssel.

JOHANN WOLFGANG VON GOETHE
Ein Lebenslauf aus dem 19. Jahrhundert   16

Ich wurde am 28. 8. 1749 als Sohn eines höheren Beamten in Frankfurt/Main geboren. Zusammen mit meiner jüngeren Schwester Charlotte verbrachte ich dort in unserem Hause am Hirschgraben meine Kindheit und Jugend. Von 1765–1768 studierte ich Rechtswissenschaft in Leipzig, nahm daneben an Vorlesungen über Literatur teil und belegte auch einen Zeichenkursus. Nach schwerer körperlicher und seelischer Krankheit (1768/69) begab ich mich nach Straßburg, um meine juristischen Studien zu beenden. Dort lernte ich die charmante Pfarrerstochter Friederike kennen, in die ich mich sogleich verliebte. Allerdings nahm unsere Affäre ein jähes Ende, und ich kehrte nach Frankfurt zurück, um mich auf den Anwaltsberuf vorzubereiten. Meine Reiselust führte mich an manchen schönen Fleck der Erde, bevor ich 1775 auf Einladung eines hochgestellten Herrn nach Weimar übersiedelte. Dort begegnete ich dann der großen Liebe meines Lebens, einer Dame von Stand[3], die auch viel Geist und Herz besaß. In Weimar arbeitete ich in verschiedenen Berufszweigen: als Erzieher, Staatsrat und Minister. Daneben betrieb ich intensive naturwissenschaftliche Studien. Im Jahre 1782 wurde ich geadelt. Von 1786–1788 hielt ich mich in Italien auf, wo ich vor allem die antike Formenwelt studierte. Nach meiner Rückkehr holte ich mir ein einfaches, unkompliziertes Mädchen ins Haus, das ich schließlich im Jahre 1806 auch ehelichte. In dieser Zeit entband mich mein Vorgesetzter von allen Amtspflichten, und ich konnte mich von nun an ganz meinen persönlichen Interessen widmen. Eine Zeit lang war ich sogar als Intendant des Weimarer Theaters tätig.
Während des Krieges mit Frankreich 1792/93 tat ich mich durch besondere Tapferkeit vor dem Feind hervor, was nicht heißt, daß ich in meinem Alter noch aktiv daran teilnahm.

---

[1] *s Referat:* Sach- und Spezialgebiet e-s Sachbearbeiters
[2] *Ministerialdirigent:* Abteilungsleiter in einem Ministerium
[3] *von Stand (arch.):* in hoher gesellschaftlicher Stellung, von Adel

Das Jahr 1794 war besonders fruchtbar für mich, da ich einen Freund fand, mit dem ich bis zu seinem Tode in ständigem Kontakt stand. Wir gaben sogar gemeinsam eine Zeitschrift heraus.

Nach der Plünderung Weimars (1806) durch die Franzosen war es mir ein Bedürfnis, den Verantwortlichen kennenzulernen: 1808 hatte ich Gelegenheit, mit Napoleon zusammenzutreffen.

Seit dem Tode meiner Frau halte ich mich sommers zur Stärkung meiner Gesundheit häufiger in Badeorten auf. Besonders Marienbad wurde mir zu einem echten Jungbrunnen.

So hoffe ich denn, die mir verbleibenden Jahre in geistiger Frische und Vitalität und zu Nutz und Frommen der Menschheit dahinzubringen – in der Hoffnung auf ein seliges Ende.

Zeitungstexte

Verkehrsunfall 17

Am 13. 8. 19 . ., gegen 14.15, stieß in Herdecke an der Ecke Goethe-Hauptstraße der Pkw[1] BI – C 728, Typ Mercedes 200 (Fahrer: Fabrikant Anton Schnack, Bielefeld, Roonstraße 10), mit dem Lkw[2] HA – M 536, Marke Büssing (Fahrer: Paul Kott, Hagen, Markt 2), zusammen. Der Fahrer des Lkw bog aus der Goethestraße in die Hauptstraße ein, ohne das Vorfahrtsrecht zu beachten. Der Mercedes kam ihm aus Richtung Dortmund mit hoher Geschwindigkeit entgegen. Der Anprall war so heftig, daß Kühler und Windschutzscheibe des Pkw völlig zertrümmert wurden. Der Fahrer erlitt lebensgefährliche Verletzungen und wurde ins Marien-Hospital, Hagen, eingeliefert. Der Führer des Lkw zog sich nur ein paar leichtere Prellungen zu. Sein Fahrzeug wurde zwar beschädigt, war aber noch fahrtüchtig. Die Verkehrsstockung dauerte nur etwa 20 Minuten. Verschuldet hat diesen Verkehrsunfall offensichtlich der Fahrer des Lkw.

Vermißt 18

Seit den Abendstunden des 9. Dezember wird der achtjährige Hans Krug aus Stuttgart vermißt. Der Knabe verließ nach 17 Uhr die elterliche Wohnung in der Sophienstraße, um einen Freund in der Nachbarschaft aufzusuchen, und ist seitdem nicht zurückgekehrt. Hans K. ist 1,20 m groß, schlank, aber kräftig; er hat dunkles, leicht welliges Haar, graue Augen und eine bräunliche Hautfarbe. Der Vermißte trug ein grau-rot-kariertes Sporthemd, eine schwarze Kordsamthose, einen weinroten Pullover, einen dunkelbraunen Lodenmantel und schwarze Schuhe. Sachdienliche Mitteilungen sind zu richten an die Kriminalpolizei in Stuttgart oder jede andere Polizeidienststelle.

---

[1] *Pkw (Abk.):* Personenkraftwagen
[2] *Lkw (Abk.):* Lastkraftwagen

19 Flucht vom Operationstisch

Augsburg – Über und über blutig, mit einer offenen und nur teilweise ärztlich versorgten Kopf-Platzwunde spazierte der 37jährige Augsburger Wolfgang Sch. durch die Altstadt. Er war in einem unbeobachteten Augenblick direkt vom Operationstisch im Hauptkrankenhaus geflüchtet, noch während der Unfallarzt sich mit der Wundversorgung beschäftigt hatte. Der Patient war nach der Teilrasur seiner Kopfhaare genäht worden und sollte einen Verband erhalten. Offenbar aus Angst oder weil ihm die Prozedur zu lange dauerte, lief Wolfgang Sch. auf und davon.

Da bei ihm der Verdacht einer Gehirnerschütterung bestand und weitere medizinische Behandlung erforderlich schien, wurde die Polizei um Fahndung nach dem Ausreißer bemüht. Wenig später schon hatten die Ordnungshüter Erfolg. Beamte der 1. Polizeiinspektion wurden zu einer Schlägerei in einem Stehausschank[1] im Lechviertel[2] gerufen. Mitten unter den Streithähnen entdeckten die Polizisten auch den blutbesudelten und lädierten Flüchtling vom Operationstisch.

Er hatte die Zwischenzeit genutzt, um mit Alkohol die Wirkung der örtlichen Betäubung zu unterstützen. Mit einem Sanitätswagen wurde der Ausreißer zur Fortführung der Wundversorgung und weiterer ärztlicher Betreuung unter Polizeiaufsicht wieder ins Hauptkrankenhaus transportiert.

20 Pech und Glück mit dem Lotto

Viel Pech kann offenbar auch zum Lottoglück führen. Ein 43jähriger Mann aus Heilbronn zumindest hatte eine fast unglaubliche Serie von Hindernissen zu überwinden, ehe er überhaupt seinen Lottoschein los wurde, mit dem er schließlich fast 460 000 Mark gewann.

Nach Arbeitsschluß versuchte der Mann, seinen Schein bei einer Annahmestelle abzugeben. Die jedoch hatte wegen Trauerfalls geschlossen. So versuchte er sein Glück im Nachbarort, wozu es allerdings nicht kam: Er stürzte mit seinem Fahrrad auf eisglatter Fahrbahn und verletzte sich am Knie. Ein Lastwagen nahm ihn in eine dritte Gemeinde mit, aber noch vor dem Ortsschild streikte der Motor. Der Lkw-Fahrer geleitete den Verletzten zu Fuß bis kurz vor die Haustür eines Bekannten. Der Unglücksvogel klingelte, es war niemand zu Hause. Ein Traktor mit Anhänger nahm ihn bis zur nächsten Bushaltestelle mit. Dort setzte sich der Geplagte in einen Omnibus – und fuhr in die falsche Richtung. Schließlich holte ihn sein Schwager mit dem Auto ab. Mit den Worten: „Vom Lotto habe ich die

---

[1] *r Stehausschank:* einfaches Café, in dem man an Tischen stehend *bes.* alkoholische Getränke zu *s.* nimmt
[2] *Lechviertel:* Stadtteil von Augsburg, am Fluß *Lech* gelegen

Nase voll", wollte der 43jährige seinen Lottoschein zerreißen. Doch der Schwager handelte, nahm ihm den Schein ab und gab ihn in einer Heilbronner Annahmestelle ab. Zwei Tage später war der Pechvogel Halbmillionär.

Klirrender Frost in Europa 21

In ganz Europa herrscht seit dem Wochenende klirrende Kälte: ein plötzlicher Frosteinbruch ließ jetzt auch in Süddeutschland die Temperaturen bis auf minus elf Grad sinken.
Der Schnee jedoch bleibt weiterhin aus. Sowohl in den Mittelgebirgen als auch im Bayerischen Wald sind die wenigen Pisten so vereist, daß die Skifahrer und Rodler nicht auf ihre Kosten kommen. Die Meteorologen machen ihnen auch für die nächsten Tage keine Hoffnungen. Selbst in den Alpen soll es trocken bleiben.
Bei strahlendem Sonnenschein und heftigem Wind fiel die Quecksilbersäule in Norddeutschland bis auf minus 15 Grad und in Bayern auf minus 11 Grad. Nachts wurde es noch einige Grade kälter.
Unter diesen Umständen verzichteten die meisten Bundesbürger darauf, die warme Stube zu verlassen. In fast allen Landesteilen wurde überraschend mäßiger Verkehr registriert.
Temperaturen bis zu 20 Grad unter Null, Schnee und Stürme haben in Griechenland den Kälteeinbruch verschärft. Besonders hart sind Ostmazedonien und Thrazien betroffen. Wegen der Schneefälle mußte der Flugverkehr nach Saloniki eingestellt werden. In Thessalien sind eine Reihe von Bergdörfern von der Außenwelt abgeschnitten.
Die Kältewelle hat auch die CSSR erreicht, wo nachts minus 18 Grad registriert wurden. Für die nächsten Tage wird mit noch stärkerem Frost gerechnet. Allerdings soll es nicht schneien.
In Teilen der Sowjetunion und Polens hält die bitterkalte Witterung mit Temperaturen knapp unter 30 Grad weiter an. Während in Moskau Straßenverkehr und Versorgung noch nicht behindert sind, gibt es in verschiedenen polnischen Städten bereits Schwierigkeiten.

Die erste Auslandsreise von Papst Johannes Paul II. 22

Nach zehneinhalbstündigem Flug traf Papst Johannes Paul II. am 25. Januar 1979 in der Dominikanischen Republik ein. Auf der Karibikinsel war von der Mannschaft des spanischen Seefahrers Christoph Kolumbus Ende des 15. Jahrhunderts die erste katholische Messe auf amerikanischem Boden gefeiert worden. Nach Verlassen des Flugzeuges küßte der Papst den Boden und segnete die Menge, die sich auf dem Flughafen versammelt hatte. Anschließend wurde er von Präsident Antonio Guzmán begrüßt.

In einer Antwort auf die Begrüßungsansprache Präsident Guzmáns erklärte der Papst, er sei wegen eines wichtigen kirchlichen Ereignisses auf Reisen. „Ich besuche einen Kontinent, auf dem die Kirche Spuren hinterlassen hat, die sich tief in die Geschichte eines jeden Landes eingeprägt haben."

Der Papst wurde von seinen engsten Mitarbeitern begleitet. Zu seinem Gefolge gehörten auch zwei Ärzte, ein italienischer und ein polnischer, sowie zwei Offiziere der Schweizergarde. Als Reisemanager flog der amerikanische Weihbischof Paul Marcinkus mit, der schon die Reisen von Papst Paul VI. organisiert hatte. Zu den weiteren Bischöfen im Gefolge des Papstes gehörte auch Kardinal Sebastiano Baggio.

Für den Flug nach Santo Domingo benutzte das Oberhaupt der katholischen Kirche eine Düsenmaschine vom Typ DC-10 der Alitalia. Das Erste-Klasse-Abteil wurde für den Papst und seinen Sekretär hergerichtet. In der Maschine fanden ferner die 22köpfige offizielle Delegation des Vatikans sowie rund 30 Pressevertreter Platz. In einer Ansprache vor seinem Abflug bezeichnete der Papst seine Reise als eine „Wallfahrt des Glaubens". Sich selbst sah er als „Botschafter des Evangeliums", der auf den Spuren der Missionare und Priester wandle, die die Botschaft Jesu seit der Entdeckung der Neuen Welt in Lateinamerika verbreitet haben.

23 Lang gewartet, kurz abgefertigt

Eigentlich ist alles, dem ersten Anschein nach, gar so schlimm nicht: Der deutsche Patient verbringt etwa eine Dreiviertelstunde im Wartezimmer, bevor er zur Behandlung vorgelassen wird – immerhin schon fast eine halbe Stunde weniger als noch vor vier Jahren. Doch eine in unserem Auftrag erstellte Bevölkerungsumfrage zeigt auch, daß überfüllte Wartezimmer und stundenlange Wartezeiten weiterhin zum eher grauen Patientenalltag gehören. Belegt wird zudem der Klassencharakter unserer Kassenmedizin: Kassenpatienten[1] müssen länger warten, werden aber kürzer behandelt; bei Privatpatienten[2] geht's grad andersherum.

Heinz S. aus Stuttgart wartete bei einem Hautarzt vier Stunden – um zwei Minuten lang behandelt zu werden.
Als sich Renate T. aus Düsseldorf nach zähem Ausharren im Wartezimmer bei der Sprechstundenhilfe[3] beschwerte, wurde sie schnippisch abgefertigt: „Wenn man zum Arzt geht, muß man Zeit mitbringen."
Auf ihre Weise hat unterdessen Heidemarie St. aus Köln ein Problem gelöst, das viele Patienten drückt. „Seit ich den

---

[1] r *Kassenpatient:* Patient, der bei einer Sozialversicherung oder ähnlichen Institution versichert ist

[2] r *Privatpatient:* Patient, der die Rechnungen des Arztes, Krankenhauses usw. selbst voll bezahlt und dann von einer privaten Versicherung ganz oder teilweise vergütet (d. h. zurückgezahlt) bekommt

[3] e *Sprechstundenhilfe:* weibliche Person, Art Sekretärin, die einem Arzt während der Sprechstunde behilflich ist

Praxis-Angestellten mal eine Kleinigkeit zukommen lasse[1], sind die Wartezeiten auffallend kürzer geworden", berichtet sie.

Warum sie manchmal lange warten müssen, schwant den meisten Patienten auch spätestens dann, wenn eine Praxis mit einem Wartezimmer erster und einem Wartesaal zweiter Klasse ausgestattet ist.

Das alles mag ärgerlich sein, doch der Zorn über langweiliges Herumhocken und oft benachteiligte Behandlung hält sich beim bundesdeutschen Patienten in Grenzen. Zum vieldiskutierten Thema Wartezeiten bei Ärzten gab es deshalb bei unserer Bevölkerungsumfrage einige Überraschungen:

Ärger über die Wartezeiten ist lediglich bei jüngeren berufstätigen Menschen relativ häufig auszumachen.

Insbesondere ältere Patienten scheinen recht gern und lange im Wartezimmer ihre Zeit verbringen zu wollen – quasi als Nachweis einer Pseudoaktivität nebst Kommunikationsmöglichkeit.

Lange Wartezeiten würden 63 Prozent der Befragten nicht hindern, zum Arzt zu gehen.

Die Wartezeiten sind erheblich kürzer geworden – wenn auch nur relativ: Sie sanken von durchschnittlich 71 Minuten vor vier Jahren auf 46 Minuten (ohne Zahnärzte).

Je länger die Wartezeit ist, um so kürzer wird in der Regel die Behandlungsdauer. Je kürzer die Wartezeit ist, um so länger und intensiver wird der Patient jedoch verarztet.

Privatversicherte genießen Vorteile: Sie brauchen in der Regel nicht so lange zu warten, und sie werden auch länger behandelt als Mitglieder der Ortskrankenkassen.

Eilige Berufstätige spielen in der Sprechstunde nicht die wesentliche Rolle, wie oft vermutet. Nur 16 Prozent aller Befragten suchten den Arzt während der Arbeitszeit auf.

Die Zahl der Ärzte, die in ihren Praxen Bestellsysteme einrichten, hat sich leicht erhöht. Nur eine geringe Zahl von Ärzten, die wir befragten, plant aber noch eine Änderung.

Am besten bewährt hat sich nach Ansicht der Ärzte eine Kombination von offener Sprechstunde mit einem Termin- und Bestellsystem.

Das Argument, den Patienten die Wartequal abzunehmen, ist bei Einführung eines Anmeldesystems keineswegs das Hauptanliegen des Arztes. Es erleichtert ihm in erster Linie die Arbeit und verschafft ihm einen festen Feierabend.

Perfekt scheint freilich keine Methode zu sein. Denn keine Organisationsform wird eindeutig bevorzugt. Immerhin vierzig Prozent der von uns befragten praktischen Ärzte praktizieren noch die sogenannte „offene Sprechstunde". Bei Fachärzten sieht es jedoch anders aus: Dort ist der Anteil jener, die es immer noch ohne Bestellsystem versuchen, eher gering – nur 14 Prozent der von uns befragten Internisten geht nach der alten und wohl auch überholten Methode vor: Wer kommt, muß warten, bevor er drankommt – oft Stunden.

---

[1] *j-m eine Kleinigkeit zukommen lassen: j-m* ein Trinkgeld geben

24 Milchverbrauch in der Bundesrepublik

Der deutsche Milchverbraucher ist analysiert: Er ist öfter männlich als weiblich, zieht die Frischmilch der H-Milch[1] vor und verwendet sie öfter zum Trinken als zur Speisezubereitung. Das sind einige Ergebnisse einer großangelegten Untersuchung, mit der man den typisch deutschen Milchkonsumenten finden wollte. 1100 Haushalte wurden dabei unter die Lupe genommen. Gefragt wurde nach der Bevorratung und Verwendung von insgesamt 14 Milchprodukten. Dabei stellte man fest, daß 98 Prozent der Testhaushalte mindestens einmal wöchentlich eins der Milchprodukte verwendete. Von den 4 Litern Frischmilch und 2,9 Litern H-Milch, die wöchentlich in der Durchschnittsfamilie verbraucht werden, fließen 70 Prozent direkt als Getränk durch die Kehlen, die restlichen 30 Prozent werden zur Zubereitung von Speisen verwendet. Bei der Aufschlüsselung der Geschlechter wurde deutlich, daß 46 Prozent aller Männer gegenüber 39 Prozent der Frauen regelmäßig Milch trinken. Der größte Trinkmilchkonsum wurde in Norddeutschland und Bayern festgestellt.

25 Die Deutschen essen anders

Mehr Fleisch und Käse, weniger Brot und Fett

Der gute Appetit der Bundesbürger ist zwar ungebrochen, doch die Eßgewohnheiten haben sich verändert. Dickmacher[2] werden immer häufiger verachtet. Eine Untersuchung über Verzehrgewohnheiten der 260 Millionen Einwohner in den neun Ländern der Europäischen Gemeinschaft hat ergeben, daß der Verbrauch von kalorienreichem Brot und Fett sowie von Kartoffeln und Milch deutlich zurückgegangen ist. Statt dessen werden mehr Fleisch, Eier, Obst, Käse und Gemüse verzehrt. Europas größte Fleischesser sind übrigens die Franzosen mit 90 kg pro Person im Jahr; wir Deutsche bringen es auf 86 kg. 1977 tranken die Bundesbürger 25 Prozent weniger Alkohol als 1976, vor allem Likör, Whisky und Rum blieben öfter in der Flasche.

---

[1] *e H-Milch:* übliche Bezeichnung für homogenisierte *d. h.* durch einen bestimmten Prozeß haltbar gemachte Milch
[2] *r Dickmacher:* Speise, die dick macht

Frauen als Dauergeher

Hausfrauen legen täglich mindestens 10 000 Schritte zurück, im Büro arbeitende Männer lediglich 1000. Das haben Statistiker jetzt neu errechnet. Es wurde auch festgestellt, daß die Zahl der Verkäuferinnen-Schritte von der Art des Einzelhandelsgeschäftes abhängt. So gehen beispielsweise Verkäuferinnen in Lebensmittelgeschäften oder Bäcker- und Metzgerläden täglich etwa soviel wie eine Hausfrau, nämlich 10 000 Schritte. Denn sie haben die zu verkaufenden Waren meist griffbereit in den Regalen hinter sich. Verkäuferinnen in Schuhgeschäften oder Textilläden dagegen müssen täglich viele Male die Waren herbeischleppen und wieder wegräumen, oft genug Leitern besteigen. So bringen sie es bis auf 40 000 Schritte am Tag. Das sind täglich bis zu 30 Kilometer Gehleistung, manchmal sogar noch mehr.

Ab 14 Uhr droht im Haushalt Gefahr

Als eine Quelle „ständiger Unfallgefahr" bezeichnet die Dortmunder Bundesanstalt für Arbeitsschutz[1] und Unfallforschung die Beschäftigung der Hausfrau in ihren eigenen vier Wänden[2]. Putzen, Waschen, Kinderbetreuung, Einkaufen: Tätigkeiten, die zur Routine geworden sind. Eben in dieser Alltäglichkeit liegt das mögliche Übel, weil die Aufmerksamkeit nachläßt. Kommen Eile, Hast und Nervosität hinzu, ist die Unfallgefahr doppelt so hoch. Eine Untersuchung der Anstalt über „Unfälle im Haushalt" ergab, daß sich der Großteil aller Unfälle im Haus zwischen 14 und 17 Uhr (24,5 Prozent) und zwischen 17 und 20 Uhr (21 Prozent) ereignet – zu einer Zeit, in der die Menschen ihr Leistungstief erreichen und sich nicht mehr voll konzentrieren können. Dieser gewisse Konzentrationsmangel macht aus einem alltäglichen Handgriff eine Gefahrenquelle – fast ein Drittel der Hausunfälle passieren im Küchenbereich. Erstaunlicherweise handelt es sich nur in 5,5 Prozent aller Unfälle um Verletzungen durch Elektrogeräte und Stromleitungen. Bei mehr als der Hälfte der Unfälle handelt es sich um Stürze – nicht etwa auf Treppen, sondern zu ebener Erde.

---

[1] *r Arbeitsschutz:* hier: Schutz *am* Arbeitsplatz
[2] *die eigenen vier Wände (fig.):* Heim, Wohnung, Zuhause

28 Lebensversicherung (Werbetext)

Bewahren Sie Ihren Lebensstandard durch eine handfeste Garantie. Bei sofortiger finanzieller Sicherheit!

Mit steigendem Einkommen wächst auch Ihr Lebensstandard. Und damit die Notwendigkeit, das Erreichte abzusichern. Für heute und für die Zukunft. Die moderne Lösung: Dynamische Lebensversicherung!

Denn diese neue Versicherungsform paßt Ihren Versicherungsschutz regelmäßig der Einkommensentwicklung und den wirtschaftlichen Verhältnissen an. Durch dynamische Erhöhung von Versicherungsschutz und Beitrag. Ohne erneute Gesundheitsprüfung. So halten Sie Ihre Lebensversicherung immer auf dem neuesten Stand.

Eine dynamische Lebensversicherung wächst doppelt!

Einmal durch die laufende Erhöhung der Versicherungssumme. Und zum anderen durch die Versicherten-Dividende. Dadurch kann sich eine dynamische Lebensversicherung im Laufe von 30 Jahren mehr als verdreifachen! Aus beispielsweise 20 000 Mark werden also über 60 000 Mark. Bar und steuerfrei ausgezahlt.

Außerdem sparen Sie mit jedem Beitrag Steuern. Und Ihre Familie ist jederzeit finanziell abgesichert. Fragen Sie doch einmal Ihren Versicherungs-Fachmann. Dynamische Lebensversicherung – das ist die moderne Form einer Lebensstandard-Versicherung.

29 Energie sparen – nicht verschwenden

Hat unsere „Wegwerf"-Gesellschaft[1] dazu geführt, daß Haushalte und Industrie mehr Energie und Rohmaterialien verschwenden, als sie überhaupt benutzen?

Auf den ersten Blick scheint eine solche Frage beleidigend, sie läßt den Bürger erröten. Doch sie beruht auf statistischen Erkenntnissen. Nehmen wir zum Beispiel die europäischen Durchschnittshaushalte – jedes Jahr werfen sie rund 25 Millionen Tonnen Papier und Pappe weg, 7 Millionen Tonnen an Glas, 2,7 Millionen Tonnen an Plastik und 450 660 Tonnen an Aluminium. Doch das ist nicht alles. Der allgemeine Energieverbrauch in der Gemeinschaft macht 42 Prozent der Kapazität aus – im Haushalt werden rund 55 Prozent an Energie verschwendet, 85 Prozent im Transportsektor, 45 Prozent in der Industrie und zwischen 60 und 70 Prozent bei der Energieumwandlung.

Diese alarmierende Statistik macht den Verantwortlichen bei der Europäischen Gemeinschaft Sorge. Seit 1974 beschäf-

---

[1] *Wegwerf-Gesellschaft: e-e* Gesellschaft, die mehr als nötig und gut zum Abfall gibt, die Produkte nicht genügend verwertet

tigen sie sich mit diesem Problem. Immer wieder weisen sie darauf hin, daß zusätzliche Importe von Energie und Rohstoffen nicht einfach bei uns zur Verschwendung führen dürfen. Abfallbeseitigung nimmt einen großen Teil in ihren Studien ein. So kann man zum Beispiel durch Wiederaufbereitung bedeutende Mengen an Energie sparen. Einige Schätzungen sprechen davon, daß der Anteil der gesparten Energiemenge bei Papier und Pappe bei 27 Prozent liegt, bei Glas bei 43 Prozent, 85 Prozent bei Plastik und 90 Prozent bei Aluminium.

Die Europäische Gemeinschaft ist zur Zeit dabei zu untersuchen, inwieweit die Rückgabe von Flaschen obligatorisch gemacht werden und ob eventuell eine Steuer auf Verpackungsmaterialien erhoben werden kann.

Sie haben mehr mit Bosch zu tun, als Sie denken 30
(Werbetext)

Mit ziemlicher Sicherheit enthält Ihr Auto einiges von Bosch und wird bei der nächsten Inspektion mit Bosch-Prüfgeräten kontrolliert.
Die Wahrscheinlichkeit ist groß, daß Sie im Supermarkt von unseren Maschinen verpackte Lebensmittel einkaufen, sie dann in Ihrer Bosch-Küche verarbeiten und in einem Bosch-Kühlschrank aufbewahren.
Vielleicht filmen Sie mit einer Filmkamera von Bosch, die Marke ist Bauer. In vielen Kinos bekommen Sie mit Bauer-Projektoren Filme vorgeführt. Oder Ihr Fernseher ist von Blaupunkt, also von Bosch. Wenn nicht, haben Sie vermutlich die Olympischen Spiele trotzdem mit unseren Augen gesehen. Viele der Wettkämpfe wurden mit Bosch-Fernsehkameras übertragen.
Bosch Elektrowerkzeuge helfen beim Bau von Wohnungen, Badezimmer werden mit Junkers-Anbaumöbeln eingerichtet, Straßenbahnen fahren mit Bauteilen von uns, Kliniken bringen Blutkonserven mit Bosch-Geräten auf Körpertemperatur.
5700 Wissenschaftler und Techniker arbeiten bei Bosch allein in der Forschung und Entwicklung. Zur Zeit besitzen wir 10 000 Patente in aller Welt, weitere 15 000 sind beantragt.

Auch Kinder haben Rechte 31

1979 ist „Das Jahr des Kindes". Was heißt das? Heißt es, daß man 1979 etwas netter zu den Kindern ist als vorher und nachher? Oder dürfen nun einmal die Kinder befehlen? Nein, vorläufig werden die Kinder vom „Jahr des Kindes" noch wenig spüren. Es geht darum, daß sich die Erwachsenen in aller Welt Gedanken machen über die Situation der heutigen und zukünftigen Kinder, über ihre Ernährung, ihre Schulung, ihre Gesundheit, ihre Rechte. Ja, Kinder haben Rechte, zehn wohlformulierte Rechte!

Das Recht auf Gleichheit, unabhängig von Rasse, Religion, Herkommen, Geschlecht.

Das Recht auf eine gesunde, geistige und körperliche Entwicklung.

Das Recht auf einen Namen und eine Staatszugehörigkeit.

Das Recht auf genügende Ernährung, Wohnung und ärztliche Betreuung.

Das Recht auf besondere Betreuung, wenn das Kind behindert ist.

Das Recht auf Liebe, Verständnis und Fürsorge.

Das Recht auf unentgeltlichen Unterricht, auf Spiel und Erholung.

Das Recht auf sofortige Hilfe bei Katastrophen und Notlagen.

Das Recht auf Schutz vor Grausamkeit, Vernachlässigung und Ausbeutung.

Das Recht auf Schutz vor Verfolgung und auf eine Erziehung im Geiste weltumspannender Brüderlichkeit und des Friedens.

PETER SCHNEIDER

32 Ein Schriftsteller in unserer modernen Welt

Wenn ich morgens den ersten Blick aus dem Fenster werfe, sehe ich keine Wäsche auf der Leine, keine Kinder auf den Balkons. Ich sehe das Gärtchen des Hausmeisters, den ich nicht kenne, den ich nur von seinen Schildern her kenne: „Treppe sauber halten", „Tür verschlossen halten" . . . Ich sehe das Gärtchen des Hausmeisters, das so sauber gehalten wird, daß nichts darin wächst. Ich sehe die zwei Meter hohe Mauer um das zwölf Meter große Gärtchen und auf der Mauer sehe ich Glasscherben einzementiert[1] zum Schutz gegen die Kinder der Nachbarn. Ich sehe Autos auf dem Asphalt, die Leuten gehören, die sich nicht kennen, die nur ihre Autos kennen und sich nur von ihren Autos her kennen. Ich sehe Fenster, hinter denen Leute wohnen, die ich nur daher kenne, daß sie die Vorhänge zuziehen, wenn sie mich am Fenster sehen. Abends sehe ich, wie sich diese Fenster manchmal öffnen und füllen mit dem Gesicht eines Menschen, der acht Stunden lang gearbeitet hat und zur Erholung aufpaßt, daß nichts geschieht.

Wenn ich auf die Straße hinaustrete, sehe ich keinen Verkehr zwischen den Leuten, keine Gruppen, die sich über die Zeitung unterhalten, es liegt kein Gespräch in der Luft[2]. Ich sehe Leute, die so aussehen, als lebten sie unter der Erde.

Wenn ich gemeinsam mit jemand irgendwo warte, vermeiden wir es, uns anzusehen, uns zu berühren, irgendeine Beziehung herzustellen. Ich habe einmal drei Stunden in einem vollen Wartezimmer verbracht, zwischen Leuten, die alle aus den gleichen Verhältnissen kamen, alle dieselben Schwierigkeiten hatten, ohne daß ein einziges Wort gefallen wäre.

---

[1] *etw. einzementieren:* mit *e-m* sehr festen Baustoff (Zement) einmauern
[2] *etw. liegt in der Luft:* steht kurz bevor, wird bald eintreten

Nein, auf diesen Straßen, auf diesen Balkons, an diesen Häusern, in diesen Fenstern sehe ich nichts, das irgendwie nach menschlichem Gebrauch aussähe. Diese Häuser sind nicht für Bewohner da, sondern sie werden bewohnt von fremden Tapeten, Bildern, Möbeln und von Fernsehgeräten. Wenn ich etwas anderes erleben würde, würde ich auch etwas anderes beschreiben. Nein, was wir da um uns herum sehen und erleben, ist überhaupt nicht mehr zu beschreiben, nur noch zu ändern.

Rede an die deutschen Leser und ihre Schriftsteller
(Westberlin, 1970)

Töten die Wohnsilos[1] die Menschlichkeit? **33**

83% seines Privatlebens verbringt der Mensch von heute in seinen vier Wänden, ein Drittel seines Lebens im Bett. Danach kann kein Zweifel bestehen, daß diese private Sphäre zu den wesentlichen milieubildenden Faktoren zählt.
Die Gefahr einer „unmenschlichen" Umgebung ist auf dem Land kaum gegeben, um so mehr aber in den Ballungszentren, in den Städten also. Die Stadt aber ist der Lebensraum des zukünftigen Menschen.
Einen sehr plastischen Vergleich der Stadt mit einem menschlichen Körper hat ein Ingenieur anläßlich eines Ärztekongresses gezogen: „Wir sprechen vom ‚Herzen der Städte', und meinen die City, und wir sprechen von einem Adernsystem, das verstopft ist, und meinen das Straßennetz. Diese kranke Stadt soll geheilt werden, und wenn wir an die schmerzhaften – oft ist das nur auf unser ästhetisches Empfinden bezogen – Operationen denken, die einzelne Teile des ‚Stadtkörpers' über sich ergehen lassen müssen, so fragen wir, ob der Patient den Eingriff wohl überstehen wird."
Hier soll nur von einem Faktor gesprochen werden, einem sehr wesentlichen allerdings, weil er mehr und mehr das Bild der Städte prägt: von den „Wohnsilos", jenen öden Erzeugnissen des „Betonismus", die sich nur nach Höhe und Breite unterscheiden. Sie sind überall in der Welt gleich und im Grunde austauschbar. Wenn man zum Kern eines Problems vordringen will, braucht man sich nur anzusehen, was ein guter Karikaturist dazu zu sagen hat. Dazu zwei Beispiele: Den Fahrgast einer Schnellbahn, die durch Schluchten von Hochhäusern dahinjagt, läßt der Karikaturist fragen: „Ist das noch Düsseldorf oder schon Frankfurt?" Antwort an einen Suchenden: „Tut mir leid, Sie sind in der richtigen Straße, im richtigen Haus, im richtigen Stockwerk, in der richtigen Wohnung, aber in der falschen Stadt!"
Zwei Forderungen muß die menschliche, die menschengerechte Wohnung erfüllen, Forderungen, die zunächst widersprüchlich erscheinen, es aber keineswegs sind.

---

[1] *r Silo:* hoher Behälter als Großspeicher für Getreide, hier *(iron.):* große, hohe Gebäude zur Aufbewahrung von Menschen

Jeder einzelne braucht eine Zone bestimmter Größe, in die er sich zurückziehen kann; die Möglichkeit der Kontaktaufnahme mit seinen Mitmenschen muß gegeben sein. Beide Forderungen erfüllt das „Wohnsilo" nicht. Es bietet statt wünschenswerter Einsamkeit krankmachende Vereinsamung. Statt notwendigem Kontakt kränkelndes Gedränge.

Einschlägige Forschungen haben ergeben, daß Müdigkeit, Reizbarkeit, Schlaflosigkeit, Beunruhigung und Aggression ihre kritischen Schwellenwerte[1] haben: ein Lebensraum von 16 qm ist das Minimum für einen Menschen. Störungen zeigen sich bei etwa 14 qm, ernste Störungen sind bei 10 bis 8 qm zu finden.

Die Kleinstadt vergangener Zeiten mit der Kirche im Mittelpunkt, mit dem Marktplatz, der Kneipe an der Ecke und der schützenden Mauer ringsum zählt ebenso zur Vergangenheit wie wohl auch der Traum vom „Häuschen im Grünen", weil sich die Lebensnotwendigkeiten und -möglichkeiten und damit die Lebensgewohnheiten grundlegend geändert haben. Größere Mobilität, wachsende Freizeit, häufigerer Berufswechsel und andere Zeiteinteilungen verlangen eine Anpassung der Wohnung an die gewandelten Verhältnisse.

Die Rückkehr zur Idylle ist also nicht möglich. Andererseits aber haben die extremen Versuche in der umgekehrten Richtung, Wohnsilos, Supertürme oder Häusergebirge, nur allzu deutlich gezeigt, daß auch dort bestimmte Grenzen nicht ungestraft überschritten werden dürfen, wenn man nicht Massenerkrankungen und gesteigerte Kriminalität heraufbeschwören will. Außerdem ist ja die Wohnform großer Menschenmassen eingebettet in eine Vielzahl weiterer Wachstums- und Umweltprobleme, der Wasserversorgung, der Luft-Reinigung und des Verkehrs beispielsweise.

Es wird also gewaltiger Anstrengungen der Planer, der Architekten, der Ärzte und der Soziologen bedürfen, wenn die Menschlichkeit nicht von der Masse erdrückt werden soll.

Die Hoffnung auf Bewältigung allerdings ist berechtigt, weil die Probleme erkannt sind. Einfallsreichtum in Verbindung mit großartigen technischen Möglichkeiten verdienen unser aller Zuversicht und Unterstützung.

---

[1] *Schwellenwert:* Toleranzgrenze, *d. h.* die Grenze dessen, was der Mensch ertragen kann

Domizil im Olymp **34**

François Mansart, ebenso einfallsreicher wie sparsamer Architekt, hätte es sich vor mehr als dreihundert Jahren kaum träumen lassen, daß die von ihm geschaffenen Mansarden einmal gesellschaftsfähig[1] werden würden. Denn die Wohnung unterm Dach galt nicht nur in Frankreich lange Zeit als unstandesgemäß. Auch anderswo pflegten dort nur die Diener zu hausen . . . oder bestenfalls einige Angehörige vom Volke der Musensöhne[2].
Heute allerdings ist das Domizil im Olymp[3] recht begehrt. Mansarden sind „in", und sie werden es auch in Zukunft bleiben. Je höher man haust, desto besser ist die Sicht. Ganz abgesehen davon, daß selbst im benzinverpesteten Großstadtzentrum die Luft immer noch einigermaßen erträglich ist.
Wer eine Dachwohnung hat, ist dem Himmel und den Sternen näher. Vor allem aber gestattet eine solche Bleibe[4] ihren Bewohnern ein individuelles Wohnen. In schrägen Wänden können innenarchitektonische Einfälle verwirklicht werden, die in normalen Räumen vielleicht total fehl am Platze wären. Ob man nun die Schrägen und Nischen andersfarbig tapeziert oder ob man den Raum bzw. die Räume durch verschiedene Teppiche aufteilt – immer wird man diesem Domizil eine eigene Note geben können.
Einbauschränke beispielsweise werden in einer Wohnung unterm Dach auf jeden Fall sinnvoll und dekorativ sein. Sie sind raumsparend und können, entsprechend bezogen oder gestrichen, zum bestimmenden Element werden. Der Phantasie sind beim Gestalten jedenfalls kaum Grenzen gesetzt. Wer die künstlerische Note liebt, kann seinem Geschmack ebenso freien Lauf lassen wie derjenige, der seine alten, aus Familienbesitz ererbten Möbel unterbringen möchte. Kurzum, Mansardenwohnungen sind gefragter denn je. Wer bauen will, sollte deshalb keineswegs versäumen, eine entsprechend komfortable Dachwohnung in seinem künftigen Haus einzuplanen. Die Kosten für den Ausbau sind – bezogen auf den zusätzlichen Gewinn an Wohnraum – relativ niedrig. Vielfach besteht auch die Möglichkeit, Bodenräume nachträglich noch ausbauen zu lassen.
Dieser Wohntyp wird vor allem von jungen Familien als gemütliches Nest, aber auch von passionierten Junggesellen und Junggesellinnen als komfortables Heim sehr geschätzt.

---

[1] *gesellschaftsfähig:* was von der (elitären) Gesellschaft (bes. früherer Zeiten) akzeptiert wird
[2] *Musensöhne:* Dichter, Musiker, Maler usw., also Künstler
[3] *r Olymp:* Gebirgsmassiv in Griechenland, galt in der Mythologie der griechischen Antike als Sitz der Götter; heute *(fig.):* höchster Teil, z. B. im Theater nennt man die obersten Stehplätze den *Olymp*
[4] *e Bleibe:* Wohnung, Unterkunft, Quartier

35 In den Fesseln der Gewalt

Marx? Mao? Marcuse? Gibt es überhaupt so etwas wie „geistige Väter" des Terrorismus? Eindeutig ist die Frage sicher nie zu beantworten. Es stimmt, daß sich Terroristen in der Bundesrepublik wie in Italien und Japan in ihren Kriegserklärungen an die Gesellschaft auf Marx, Mao, Marcuse und viele andere berufen. Es stimmt aber auch, daß Marcuse über die Killer und Bombenwerfer der Roten Armee Fraktion[1] noch härter geurteilt hat als so mancher „Rechte", daß Marx ein erbitterter Gegner des Anarchismus war und daß Mao nie daran gedacht hat, die „Wirrköpfe", wie er die Terroristen einmal genannt haben soll, in irgendeiner Weise zu unterstützen. Dennoch: Zu den Ursachen des Terrorismus gehören auch bestimmte Theorien und Lehren, selbst wenn deren Urheber nie gewollt haben, daß ihre Gedankengebäude zur Rechtfertigung von Mord und Menschenraub herangezogen werden. Schon dem altgriechischen Philosophen Heraklit ging es so. Sein Satz, daß der Krieg der Vater aller Dinge sei, ist von totalitären Regimen stets so umgedeutet worden, als habe der Denker die körperliche Gewalt gemeint und nicht die geistige Auseinandersetzung als Motor jeden menschlichen Fortschritts.

Gewalt begleitet uns von Anfang an. Stammesfehden, Eroberungsschlachten, Kreuzzüge, Erbkriege, nationale Erhebungen, Rassenvernichtung – eine blutige Spur zieht sich durch die Jahrhunderte, macht die Geschichte der Menschheit zu einer Geschichte der Gewalt von Menschen gegen Menschen.

Doch Gewalt ist nicht nur schlecht, nicht nur zerstörerisch. Sie kann schützen statt vernichten, wenn sie an Recht und Gesetz gebunden ist – gegen die Gewalt der Willkür. Wird allerdings der Staat selbst zum Tyrannen, ist Widerstand erlaubt, wo der Staat gar zum Verbrechen auffordert, ist Widerstand geboten – Aufstand gewissenhafter Mitverantwortung. Die Spannweite von „guter" und „böser" Gewalt reicht von der in einer Aktentasche versteckten Bombe in Hitlers Führerbunker[2] bis hin zu den Brandsätzen in Frankfurter und Berliner Kaufhäusern Anfang der 70er Jahre, der Geburtsstunde der Roten Armee Fraktion (RAF).

Die Geschichte lehrt, daß Gewalt einfach ist, Alternativen zu ihr jedoch immer komplex. Erst das atomare Zeitalter hat diesen Satz relativiert und Moltkes Behauptung, der Krieg sei die Fortsetzung der Politik mit anderen Mitteln, zum bedeutungslosen Aphorismus gemacht.

Seit die USA und die Sowjetunion mit ihren nuklearen Arsenalen das Leben auf diesem Planeten auslöschen können, seit jeder Angriff einer Supermacht gegen die andere die eigene Vernichtung miteinschließt, ist Gewalt, wie sie in den

---

[1] *Rote Armee Fraktion (RAF):* selbstgewählter Name der führenden Terroristengruppe in der Bundesrepublik Deutschland

[2] *ʳ Führerbunker:* Anspielung auf den Versuch einer Gruppe *dt.* Offiziere, Hitler in seinem Hauptquartier zu ermorden

Geschichtsbüchern beschrieben wird, sinnlos geworden und nur noch ein Mittel zur Lösung von Konflikten für Staaten, deren Technologie die atomare Schwelle nicht überschritten hat.

Seit Kriege immer mehr zur Ausnahme werden, weil das Gleichgewicht des Schreckens die Großmächte und ihre Verbündeten zur Gewaltlosigkeit „verurteilt", erschüttern neue Formen der Gewalt die Welt: Flugzeuge werden entführt, Politiker und Wirtschaftsführer gekidnappt, Geiselnahmen stehen auf der Tagesordnung.

Konrad Lorenz

Eine zivilisierte Menschheit? **36**

[. . .] Was für die Menschheit, ja selbst, was für den Einzelmenschen gut und nützlich ist, wurde unter dem Druck zwischenmenschlichen Wettbewerbs bereits völlig vergessen. Als Wert wird von der Mehrzahl der Menschen nur das empfunden, was in der mitleidslosen Konkurrenz geeignet ist, den Mitmenschen zu überflügeln. Jedes Mittel, das diesem Zwecke dienlich ist, erscheint trügerischerweise als ein Wert in sich [. . .] Geld ist ursprünglich ein Mittel; die Umgangssprache weiß dies noch, man sagt etwa: „Er hat ja die Mittel." Wieviele Menschen aber gibt es heute noch, die einen überhaupt verstehen, wenn man ihnen erklären will, daß Geld an sich keinen Wert darstellt? Genau dasselbe gilt für die Zeit: „Time is money . . ."

[. . .] Wenn man ein Flugzeug bauen kann, das den Atlantik in einer etwas kürzeren Zeit überfliegen wird als alle bisherigen, so fragt kein Mensch, um welchen Preis dies erkauft werde. Der Gewinn von einer halben Stunde ist in den Augen aller ein Wert an sich, den zu erringen kein Opfer zu groß sein kann. Jede Automobilfabrik muß dafür sorgen, daß die neue Type ein wenig schneller ist als die vorhergehende, jede Straße muß verbreitert, jede Kurve ausgebaut werden, angeblich um der größeren Sicherheit willen, in Wirklichkeit aber nur, damit man noch ein bißchen schneller – und damit gefährlicher – fahren könne.

Man muß sich fragen, was der heutigen Menschheit am meisten schadet: die Geldgier oder die Hast.

HEINRICH BÖLL[1]

37 Heldengedenktag

Am heutigen Tag, der von Amts wegen zum Heldengedenktag bestimmt ist, wollen wir uns hüten, das befohlene Pathos mit jenem Schmerz zu verwechseln, der sich niemals öffentlich dartut:
Im Gepränge der Feiern wird genau das übertönt, auf das wir lauschen sollten: das Schweigen der Toten. Die Eisenbahnen sollten auf offener Strecke anhalten, die dumme Hast des Straßenverkehrs erlahmen.
Wir sollten die Schulkinder auf die großen Friedhöfe führen: Gräber überzeugen auf eine eindringliche Weise, die keinen Kommentar erfordert; ein Blick auf die Grabsteine: zwischen Geburtsjahr und Todesjahr die kurze Spanne Zeit errechnet, die ihnen gehörte: Leben. Die meisten starben jung; es stirbt sich nicht leicht, wenn man jung ist und weiß, daß kein Arzt, kein Medikament, nichts den Gegner aufhalten wird, der Tod heißt. Schreien nach Vater, Mutter, nach einer Frau, einem Mädchen – oder still werden auf eine Weise, die der Verachtung gleichkommt, beten oder fluchen. Die wenigsten sind plötzlich vom Leben zum Tode gekommen, auf eine Art, die man mit dem Wort „gefallen" auszudrücken versucht, eine winzige amtliche Täuschung, die man erfand, weil gestorben privat klingt und nicht Plötzlichkeit vortäuscht. Als ob der Tod nicht ein so privater Akt wäre wie die Geburt; als ob Zeit eine Größe wäre, an der Schmerz ablesbar würde; in einem Augenblick kann der Katalog der Schöpfung durcheilt werden, kann der unsagbare Schmerz vollzogen werden, denn es bedeutet, Abschied zu nehmen, zu wissen, daß man nichts wird mitnehmen können in die Dunkelheit des Grabes: Wind und Gräser, das Haar der Geliebten, das Lächeln des Kindes, den Geruch eines Flusses, die Silhouette eines Baumes, den Klang einer Stimme. Nichts. Sterbende frösteln immer. Die Majestät, die auf sie zukommt, ist kalt.
Waren sie alle Helden, die in den Stellungen, in Lazaretten, auf Fluren, in Kellern, auf Lastwagen und Bauernkarren, in Eisenbahnwaggons schrien und beteten, fluchten oder auf eine Weise still wurden, die der Verachtung gleichkam?
Ich glaube, die meisten hätten diesen Titel, der als Ehre gedacht ist, nicht angenommen, hätten sie von den Morden gewußt, die unter dem Zeichen geschahen, unter dem sie starben. Wir können sie nur würdigen, wenn wir sie vom Fluch dieses Zeichens befreien, ihr Schweigen versöhnen mit dem Schweigen, das an den großen Mordstätten herrscht. Nicht von einem einzigen von ihnen wissen wir, welche Räume er im Angesicht des Todes durcheilte, die Worte schuldig oder unschuldig gehören unserer Welt an, der Tod einer anderen.

---

[1] *Heinrich Böll:* bedeutender dt. Schriftsteller der Nachkriegszeit; erhielt 1972 den Literatur-Nobelpreis

WALTER SCHEEL[1]

Die Mahnung des Bundespräsidenten

38

Wenn man die Geschichte der Naturwissenschaften in Deutschland in diesem Jahrhundert an sich vorüberziehen läßt, dann stellen wir einerseits hervorragende wissenschaftliche Leistungen fest und andererseits ein gesellschaftliches und politisches Bewußtsein, das diesen Leistungen nicht entspricht. Damit steht die Wissenschaft nicht allein. Wir können ähnliche Erkenntnisse bei der Justiz, beim Militär, bei der Wirtschaft, ja im Grunde bei nahezu jeder gesellschaftlichen Gruppierung gewinnen.

Heute wissen wir, daß der Erfolg allein, wenn man ihn an den begrenzten Interessen der jeweiligen Gruppe bemißt, zur Rechtfertigung der eigenen Tätigkeit nicht mehr ausreicht. Das gilt in zunehmendem Maße auch für die Wissenschaft. Je weiter sie in die Geheimnisse der Materie und des Lebens vordringt, desto häufiger werden die Fälle, in denen das wissenschaftlich Denkbare und das technisch Machbare an die Grenze des sittlich Vertretbaren stößt. Es mehren sich die Anzeichen dafür, daß hier das neue große Problem der Wissenschaft liegt, daß die unbeschränkte Entwicklung der Wissenschaft und der Technik die Freiheit des Menschen im Wortsinne überholen kann. Ich habe mir kürzlich in meinem Arbeitszimmer die neuesten Entwicklungen auf dem Gebiete der Abhörtechnik vorführen lassen und einige Nächte danach nicht besonders gut geschlafen.

Denkt man sich Entwicklungen und Möglichkeiten im Bereich der Datenverarbeitung, der Psychopharmaka, der Biogenetik – um nur einige wichtige Forschungsrichtungen zu nennen – hinzu, so verwelkt das Vertrauen darauf, daß die Entwicklung der Wissenschaft unbedingt und in jedem Falle auch der Freiheit des Menschen dient.

Die Naturwissenschaftler, deren wir heute gedenken, haben an hervorragender Stelle an der Vertiefung unseres Weltbildes beigetragen. Sie haben neue, revolutionäre Aussagen über das Wesen der Materie, des Raumes und der Zeit gemacht. Ich glaube, ein neuer Einstein täte uns not, der all diese Erkenntnis mit dem Begriff der Freiheit des Menschen zusammendenkt.

Die Freiheit der Wissenschaft ist nicht die ganze Freiheit. Sie ist ein Teil, ein wichtiger Teil der Freiheit. Doch es wäre hier, wie überall, gefährlich, wenn man den Teil für das Ganze nähme. Die Freiheit der Wissenschaft, wie jede Teilfreiheit, besteht nicht zuletzt in freiwilliger Selbstbegrenzung. Jede schrankenlos ausgenützte Freiheit vernichtet sich selbst.

Die Aufgabe, die Freiheit der Wissenschaft in ein Verhältnis zur Bewahrung der allgemeinen Freiheit zu setzen – dies ist eine, dies ist vielleicht die wichtigste Aufgabe einer freien Wissenschaft. Die Lösung dieser Aufgabe kann ihr, schon

---

[1] *Walter Scheel:* Bundespräsident (1975–1980)

um der Freiheit der Wissenschaft willen, keiner abnehmen. Man könnte antworten: dies sei eine philosophische Aufgabe. Damit hätten die Naturwissenschaftler nichts zu schaffen. Der große Theologe Adolf von Harnack meinte: „Man klagt zu Unrecht, daß unsere Zeit keine Philosophen mehr habe. Sie sitzen nur jetzt in der anderen Fakultät und ihre Namen sind Planck und Einstein."

Alle die großen Naturwissenschaftler unseres Jahrhunderts waren Philosophen, und Werner Heisenberg war am Ende seines Lebens der Auffassung, daß die Naturwissenschaft gar durch „schlechte Philosophie" verdorben würde. Wohin führt aber eine Naturwissenschaft ohne Philosophie, das heißt, eine Naturwissenschaft, die ihren Zusammenhang mit der Freiheit nicht bedenken würde?

Albert Einsteins Philosophie war am Ende seines Lebens sehr dunkel, sehr deterministisch. Kein Unheil ließe sich vermeiden.

Hier dürfen wir dem großen Mann nicht folgen. Ein Demokrat muß auf der Freiheit, der Willensfreiheit des Menschen bestehen.

Wir können und wir wollen nicht darauf verzichten, unser Schicksal in Freiheit selbst zu entscheiden. Wir wollen uns auch nicht sklavisch den Folgen eines anonymen Fortschritts der Wissenschaft beugen.

39 Die Krise der Olympischen Spiele

Die Ideologen des modernen Olympismus sind fast ausnahmslos der festen Überzeugung, daß der tiefe moralische Sinn der Wettkämpfe im alten Olympia – wenigstens in klassischer Zeit – in der Verbindung eines Amateurideals gelegen habe, und leiten daraus die These ab, der Amateurismus sei auch die tragende Säule der Olympischen Spiele der Neuzeit . . .

Ist der antike Amateurismus wirklich eine „unbestreitbare" Tatsache? Schon die Etymologie des griechischen Wortes *athlon,* von dem die Begriffe Athlet und Athletik abgeleitet sind, ist ernüchternd und vielsagend: Es bedeutet nämlich „Wettkampf" und „Kampfpreis" zugleich. Die beste Übersetzung dürfte also sein: Kampf um einen Preis. Demnach war für einen Griechen ein Wettkampf ohne Kampfpreis einfach undenkbar. *Athlon* geht ferner auf eine indoeuropäische Wurzel zurück, von der das Wort „Wette" abstammt. Zu jeder Wette gehören jedoch Zuschauer, die sich daran beteiligen und ein Einsatz . . .

Einer der markantesten Unterschiede zwischen den antiken und modernen Olympischen Spielen liegt im Stellenwert des Sieges: Das einzige Ziel eines griechischen Athleten war der Sieg und der Gewinn des mit ihm verbundenen Preises. Nur der Sieger wurde von den Kampfrichtern ermittelt, nur er wurde ausgerufen und durch Siegeslied und Standbild verherrlicht. Nur sein Name ging in die olympische Ehrenliste ein. Selbst die um Haaresbreite unterlegenen Finalgegner verschwanden in der namenlosen Masse, wenn sie nicht durch irgendeinen kuriosen oder dramatischen Umstand in die Anekdotensammlungen eingingen. Während die Sieger unter dem Jubel ihrer Mitbürger im Triumphzug in ihre Heimatstadt einzogen, schlichen sich die Verlierer – um die Worte Pindars[1] zu gebrauchen – wie geprügelte Hunde heimlich und unerkannt nach Hause . . . Der antike Amateurismus ist eine Legende. Der verbissene Ernst und Primat[2] des Sieges, den viele am heutigen olympischen Geschehen so sehr bedauern, ist dagegen typisch griechisch. An diesen beiden ausgewählten Phänomenen habe ich aufzuzeigen versucht, daß die Olympische Idee weder ein absoluter Wert noch eine anthropologische Konstante ist. Ich hätte ebenso schlüssig beweisen können, daß die Vorstellung von einem antiken Gottesfrieden im Sinne einer allgemein verbindlichen und totalen Waffenruhe, mit der die Olympische Bewegung ihren Anspruch rechtfertigt, zur internationalen Verständigung und Friedenssicherung beizutragen, eine Illusion unserer Zeit ist . . .

Die ideologische Krise des Olympismus unserer Tage besteht darin, daß die Ideologie der Bewegung aus einer Zeit und aus Gesellschaftsverhältnissen stammt, die heute weitgehend überholt sind. Es gibt keine absolute überzeitliche Olympische Idee mit einem Kanon unveränderlicher Werte. Die antiken Spiele und ihre Bedeutungsintentionen unterscheiden sich grundliegend von denen, die Pierre de Coubertin[3] vorschwebten, wie letztere von denen, die wir heute erleben. Aus der Sicht des Historikers läßt sich die sogenannte Olympische Idee reduzieren auf das Prinzip periodisch wiederkehrender, festlich gestalteter sportlicher Wettkämpfe und – dem Bedürfnis des Menschen nach jeweiliger formulierter Sinngebung derselben. Dies muß von jeder Generation neu geleistet werden.

Fritz J. Raddatz

Die neuen Leiden des jungen W. von U. Plenzdorf **40**

„In einem Heft des Jahrgangs 1972 (Sinn und Form[4]) findet sich die Prosaprobe eines DDR-Debütanten, die ohne jede Frage alles überragt, was seit Jahren in der DDR publiziert wurde. *Die neuen Leiden des jungen W.,* des achtunddreißigjährigen Ulrich Plenzdorf sind ein Text, der nicht nur souveräne Schreibbegabung verrät, Tempo und stilistische Sicherheit, sondern auch Probleme der sozialistischen Gesellschaft vorführt, ja sprachlich dingfest[5] macht."

Edgar, bester Lehrling vom VEB[1] Hydraulik Mittenberg, entpuppt sich plötzlich als Rowdy, er schmeißt[2] die Lehre, rennt von zu Hause fort und versteckt sich auf

---

[1] *Pindar:* griech. Dichter (518–438 v. Chr.)
[2] ⌐ *Primat:* Vorrang, höhere, wichtigere Stellung
[3] *Pierre de Coubertin:* begründete 1894 die neuzeitlichen Olympischen Spiele
[4] *„Sinn und Form":* Titel e-r literaturwissenschaftlichen Zeitschrift, die in der DDR erscheint
[5] *dingfest machen (fig.):* hier: festhalten, beim Namen nennen
[6] *VEB:* Abkürzung für „Volkseigener Betrieb"
[7] *schmeißen (umg.):* abbrechen, kurzfristig aufhören

einem Abrißgelände Berlins in einer Wohnlaube[1], die den Eltern seines Freundes Willi gehört. Nur Willi weiß, wo Edgar sich aufhält; sie bleiben in Verbindung, brieflich, tauschen Tonbänder aus. Hier fühlt sich Edgar aller Zwänge entledigt[2], keine Sauberkeit, Ordnung, Pünktlichkeit, ohne Mutter, die das Briefgeheimnis bricht, hier macht er Musik, „nicht irgendeinen Händelsohn Bacholdy[3], sondern echte Musik", weiß ein Hoheslied auf Blue jeans zu singen und zu spielen, schläft, tanzt, malt. Nur Bücher gibt es keine, bis er eines findet: „Die Leiden des jungen Werther". Das paßt ihm nicht, aber er liest und schon sitzt es in seinem Kopf fest, er zitiert daraus, auch ins Tonband für Willi, und Willi hört beunruhigt den neuen Code. Auf dem Nachbargrundstück lernt er Charlie kennen, die zwanzigjährige Kindergärtnerin der Laubenkoloniekinder – doch Charlie geht ihm verloren, sie heiratet. Weil er Geld braucht, geht er auf den Bau. Während der Arbeit an einer Erfindung – ein Arbeitsgerät für das Kollektiv[4] auf dem Bau – stirbt Edgar Wibeau.

„Wie Plenzdorf alle Register[5] moderner Prosa zieht, wie aus den Tonbändern des Edgar Wibeau jene Briefe des jungen W. werden, die Sprachebenen sowohl wie soziale Realität einbringen als auch gleichzeitig abwehren, gar versetzen, das ist nicht nur geschickt, sondern kenntnisreich und gelungen. Dieser Tod des jungen W. scheint die Geburt einer eminenten neuen Begabung zu annoncieren, vielleicht sogar den lang erwarteten Anfang einer neuen Literatur."

---

[1] *e Wohnlaube: e.* als Wohnung genütztes Gartenhaus
[2] *s. e-r Sache entledigen: s.* von *etw.* befreien
[3] *Händelsohn Bacholdy:* so vom Romanhelden Edgar Wibeau für Mendelsohn-Bartholdy gebraucht
[4] *s Kollektiv:* Gruppe, Arbeitsgemeinschaft (in sozialistischen Ländern)
[5] *alle Register ziehen (fig.):* alle Mittel einsetzen

Auf Sachinformation ausgerichtete Texte

Warum sich die Menschen grüßen 41

Wir Deutschen geben uns gern und häufig die Hand. Wir sind ein Volk der Händeschüttler und unterscheiden uns auch in diesem Punkt von den meisten unserer Nachbarn. Über diese Marotte kann man lächeln, wie es die Engländer tun, man kann sie als nationale Unart betrachten, nur eines kann man kaum: sich ihr entziehen, ohne als unfreundlich abgestempelt zu werden. Und gerade das ist der wunde Punkt.

Wir alle wissen, daß es höflich ist, sich zu begrüßen. Aber warum tun das nicht alle Menschen auf die gleiche Art? – Bei den Maori in Australien z. B. reibt man die Nasen aneinander. Ähnlich machen es auch die Eskimos. Die Indianer in Amerika und Kanada begrüßen sich heute noch mit aufgehobenen Handflächen. Und die Japaner reichen sich nicht die Hände, sondern verbeugen sich mehrmals voreinander, um so dem anderen seine Achtung und sein Ehrerbieten zu zeigen. Die Toda in Vorderindien knien nieder und heben den Fuß des anderen bis zu ihrem Kopfe. Die Mongolen strecken beim Begegnen die Arme vor und halten sie dabei unter die Arme ihres Gegenübers.

Im ersten Augenblick mag es recht sonderbar klingen, daß alle diese Grußformen miteinander verwandt sind. Sie gehen nämlich alle auf die gleichen Gründe zurück. Wenn sich in Urzeiten, als man noch keine menschlichen Siedlungen kannte, zwei Menschen im Urwald oder in der Wildnis trafen, dann sahen sie im anderen immer zuerst den Feind. Hatte man nichts Böses im Sinn, dann mußte man sein Gegenüber schon aus der Ferne davon überzeugen, daß man nicht mit Waffen auf ihn losgehen wollte. Das einfachste Mittel war, ihm die leeren, waffenlosen Hände zu zeigen. Deshalb hob man sie auf und streckte sie ihm entgegen. Aber auch in allernächster Nähe sollte er vor jedem heimtückischen Überfall sicher sein. Darum legte man die Hand des anderen in die seine. Unser Händereichen ist also noch eine Erinnerung an jene ferne Zeit und ein Ausdruck von friedlicher Gesinnung.

Im Laufe der Zeit wurden die Beziehungen der Menschen untereinander vielgestaltiger. Es gab eine höhere und niedere Gesellschaft. Traf man einen Höhergestellten, so wollte man ihm sofort seine Demut, Hingebung, Ehrfurcht und Liebe beweisen. Je kleiner man sich selbst machte, um so höher stellte man den anderen. Man warf sich zur Erde, kniete nieder oder verbeugte sich so tief, daß der Kopf fast den Boden berührte. Die bei uns noch bekannten Verbeugungen und die Knickse sind noch Andeutungen dieser einstigen Unterwürfigkeitsbewegungen. Aber auch reiche Kleidung bezeugte früher die Vornehmheit eines Menschen. Zum Beweis, wie weit man ihm unterlegen war oder wie weit man in der Vornehmheit hinter ihm zurückstand, legte man bei einer Begegnung die Kleider vollständig ab oder man entblößte wenigstens, als sinnbildlichen Ausdruck, einen Teil des Körpers. Der Orientale legt bei der Begrüßung die Schuhe ab, der Europäer nimmt seine Kopfbedeckung ab. Das Heben der Finger an den Mützen- oder Helmrand bei der militärischen Begrüßung soll soviel wie ein Abnehmen der Kopfbedeckung bedeuten.

Zu den Grußgebärden traten schon frühzeitig die Grußworte. Entweder drückte man auch darin seine Ehrfurcht und Hingebung aus oder man wünschte dem Begegnenden Segen und Glück. Im Altgermanischen war „Heil", das heißt Gesundheit, die Grußform. Aber man drückte sich auch etwas breiter und länger aus und sagte: „Ich wünsche dir einen guten Morgen". Daraus wurde im Laufe der Zeit ein immer kürzerer Begrüßungssatz. Von „Wünsche guten Morgen" kam man zu dem kurzen „Guten Morgen" und schließlich zu dem „Morgen", das oft nachlässig ausgesprochen zu einem sinnlosen Worte wird, zu dem „Mojn".

42 Der Ursprung der Weihnachtskrippe

In den katholischen Ländern ist es Brauch, vor Weihnachten eine „Krippe" aufzustellen, die das Leben Josefs, Marias und des Jesuskindes im Stall von Bethlehem darstellt, meist mit einem Ochsen und einem Esel, einer Gruppe Hirten und den drei Weisen aus dem Morgenlande. Der Ursprung der Krippe ist wohl in den geistlichen Spielen des Mittelalters zu suchen, aber die Tradition der Weihnachtskrippe soll vom heiligen Franz von Assisi begründet worden sein.

Am Weihnachtsfest des Jahres 1223 konnten die Einwohner des italienischen Dorfes Greccio in Umbrien ein eigenartiges Schauspiel betrachten. Auf einer Anhöhe, die die Ebene beherrschte, hatte ein Mönch, der als heilig, aber auch als etwas eigenwillig galt, eine Art Stall gebaut und einen Esel und einen Ochsen dorthin gebracht. In den Stall stellte er eine Art Wiege und feierte um Mitternacht eine Messe, ohne sich vom Schneesturm und von der Kälte beeindrucken zu lassen. Die Nachricht von den Vorbereitungen verbreitete sich wie ein Lauffeuer in der ganzen Gegend. Hunderte von Hirten kamen nachts mit brennenden Fackeln zu dem Ort, wo solche eigenartige Messen gefeiert wurden. In die Wiege hatte er ein Kind gelegt. So war die erste Krippe eine lebende. Wir wissen nicht, ob Franz diese Mitternachtsmesse später noch wiederholte, sie gab aber den Anstoß dazu, daß die Krippe ein fester Bestandteil christlichen Brauchtums wurde. Sie verbreitete sich rasch von Italien aus nach Frankreich und Spanien. Im 16. Jahrhundert wurde sie auch in Tirol und Süddeutschland eingeführt.

Die großen Meister der Malerei und der Bildhauerei behandelten dieses Thema, aber auch unter den Krippen selbst gibt es echte Kunstwerke. Heute spielt die Krippenkunst vor allem in Italien, Tirol, in Süddeutschland, in der Provence und in Spanien eine Rolle. Die Spanier hatten die Tradition der Weihnachtskrippe auch in ihre amerikanischen Kolonien verpflanzt und so ist sie heute noch in vielen lateinamerikanischen Ländern lebendig.

Puppen spielen unser Leben 43

Sie spiegeln auf eine unnachahmliche Weise unsere Welt, unsere Freuden und Leiden wieder. Sie waren das Entzücken unserer Kindertage und gelten für viele noch heute als unerreichte Darsteller – die Marionetten, an Fäden oder an Stöcken geführt. Dabei sind sich die Historiker noch immer nicht im klaren, woher die Kunst der an sich leblosen und doch so unerhört lebendigen Puppen eigentlich stammt. Sicher ist, daß es bereits im griechischen und im römischen Kulturkreis Marionettentheater gegeben hat. Ebenso sicher aber scheint es, daß bereits in älteren Kulturen eine von Menschenhand kunstvoll geführte Puppe Belehrung, Information und Unterhaltung geboten haben mag. Die Unmittelbarkeit der Bewegung, die nicht so mißverständlich wie die Sprache ist, hat die Marionette auch heute wieder zu einem beliebten künstlerischen Ausdrucksmittel werden lassen, das – klassisch oder modern – sein Publikum findet.
Wir sagen so einfach „Marionette", wenn sich jemand steif bewegt oder wenn wir andeuten wollen, daß ein anderer seine Hand mit im Spiel hat. Das Wort stammt aus dem Französischen und ist die Zärtlichkeitsform von Maria, also „Mariechen"; es geht vermutlich auf berühmte italienische Marionettenspieler zurück, die mit der Maria, dem weltlich übersetzten Symbol für Frau und Mutter gearbeitet haben.
In einer Zeit, in der Information so dicht und schnell wie noch nie war, ist es sicher schwer, sich die Bedeutung eines klassischen Marionettentheaters vorzustellen. Mit Hilfe der Puppen und der Stücke, die sie „spielten", wurden Nachrichten gegeben von einem Geschehen, das keine Zeitung festhielt, kein Fernsehen ausstrahlte. Natürlich waren es auch Geschichten, in denen Gut und Böse aufeinanderprallten und das Gute siegte.
In Deutschland beginnt die Geschichte der Marionette etwa im 17. Jahrhundert, und wir nehmen an, daß sich die Kunst der Puppenführung von Italien her angesiedelt hat. Wandertheater bereisten – mit großem Erfolg – den süddeutschen, später den sächsischen Raum und boten in einer Zeit, in der die Kunst nur etwas für Privilegierte oder Höflinge war, tragische und lustige Unterhaltung.
Die Ausstattung der reisenden Miniaturtheater waren so prunkvoll wie möglich und ganze Marionettenspieler-Generationen prägten für lange Zeit das Unterhaltungsbedürfnis eines begeisterten Publikums. `

In unseren Tagen hat sich die Kunst und die Technik der Marionetten gewandelt. Nicht nur die Meister der Fäden, mit denen die Figur bewegt wird, haben den Anspruch an die Darbietungen erhöht, auch die Ausstatter und Designer interessieren sich für die Möglichkeiten der Miniaturbühnen. Oder tun es – wie der Amerikaner Daniel Llords – in Personalunion[1]. Der Kalifornier entwirft, baut, beschneidert und spielt alle seine Puppen selbst. Er ist zugleich Beleuchter, Sprecher und Bühnenmeister und vermag dazu bis zu 23 verschiedene Puppen im Rhythmus von Tschaikowskis „Nußknackersuite" zu bewegen.

Die Ritterspiele und Märchen, die früher geboten wurden, sind vielfach abstrakten Spektakeln gewichen. Löffel, Gabeln oder Wasserkessel bewegen sich „menschlich-marionettisch", sprechen unsere Phantasie an oder das Kind, das in uns allen schlummert, zaubern uns eine Welt vor, die wir über dem Alltag vergessen haben oder erinnern uns daran, daß vielleicht auch die Gegenstände ein Eigenleben haben können.

Geblieben ist der Eindruck, den ein deutscher Dichter von der Wirkung der Marionette hatte und den er in einem seiner schönsten Essays wiedergegeben hat. Heinrich von Kleist schrieb von der Grazie, die ihm immer dann am reinsten erschien, wenn der Körper, der sie ausstrahlte, kein menschlicher Körper war.

44 Spielzeug in Deutschland

Spielzeug hat in Deutschland eine lange Tradition. Im Laufe der Zeit hat sich natürlich das Spielzeug stark verändert. Diese Entwicklung kann man heute noch jedes Jahr durch einen Besuch der Internationalen Spielwarenmesse feststellen, die in Nürnberg stattfindet.

Früher spielten die Kinder mit Baukästen, Zinnsoldaten und Puppen, dann kam allmählich das mechanische Spielzeug auf: Autos, die von selbst fahren, Miniaturzüge, Metallbaukästen. Der Siegeszug der Elektrizität und später der Elektronik haben neue Typen von Spielzeug geschaffen, z. B. elektrische Eisenbahnen, elektronische Quizspiele und vieles andere mehr. Manche Eltern und Pädagogen sind jedoch gegen mechanisches und elektronisches Spielzeug, weil es die Phantasie des Kindes weniger anregt als z. B. ein Baukasten. Nach der Erfindung der verschiedenen modernen Kunststoffe wurde sehr viel Plastikspielzeug hergestellt, das jedoch meist einen Hauptnachteil hatte: es ging schnell kaputt. Deshalb ist vor allem billiges Plastikspielzeug im Rückgang befindlich. Man kann vielfach eine Rückkehr zum klassischen Spielzeug aus solidem Material, vor allem aus Holz, feststellen.

---

[1] *Personalunion:* mehrere Ämter oder Aufgaben in einer Person vereinigt

Allerdings ist die Spielzeugindustrie heute in Deutschland mit Sorge erfüllt, denn der Rückgang der Geburtenziffern wirkt sich natürlich auf den Absatz von Spielwaren negativ aus. Er wird zum Teil dadurch ausgeglichen, daß die ausländischen Arbeiter in der Bundesrepublik meist im Durchschnitt mehr Kinder haben als die Bundesbürger, vor allem die Türken, Griechen, Jugoslawen, Spanier, Italiener und Portugiesen. Andererseits wird auch viel deutsches Spielzeug exportiert. Jedoch ist die Konkurrenz auf dem Weltmarkt stark geworden. Ein weiterer Faktor wirkt sich negativ auf den Absatz von Spielwaren aus: die Kinder sitzen lange, nach Meinung vieler zu lange, vor dem Fernsehapparat und die Jugendlichen, schon ab 10 Jahren, kaufen gerne Schallplatten und Kassettenrecorder.

125 Jahre Kinderwagen   45

Jeder wurde im Kinderwagen gefahren, aber wer kennt schon den Ursprung und die Geschichte dieses Gefährts, das 1976 seinen 125. Geburtstag feiern konnte? Es war der Amerikaner Charles Burton, der in der zweiten Hälfte des Jahres 1851 in New York den ersten Kinderwagen schuf. Als das Gefährt auf den Straßen erschien, lachte man zunächst darüber. Dann erregte es Ärgernis. Grund: Ständig wurden Fußgänger von den Kinderwagen angefahren. Doch trotz Polizeiverboten breiteten sich die Wagen weiter aus. Ihr Aussehen erinnerte damals an eine Sitzbadewanne auf hohen Rädern. Von Bequemlichkeit für das Baby konnte keine Rede sein.
Nachdem sich die „perambulators" nur langsam in den USA durchsetzten, versuchte es eine englische Firma mit den „prams", wie man sie abgekürzt nannte. Aber erst als die englische Königin Victoria und auch später Königin Isabella von Spanien sich einen Kinderwagen für ihren Nachwuchs anschafften, begann sein Siegeszug durch die Welt. Ab 1890 wurde er im Aussehen wesentlich „schnittiger"[1] und komfortabler.

---

[1] *schnittig:* gut geformt, sportlich im Aussehen

46 Neujahrsgrüße

Es ist heute üblich, zu Weihnachten und zum neuen Jahr an Verwandte, Freunde, Kollegen, aber auch an Kunden, Arbeitgeber und viele andere Personen Karten zu verschicken.

Die Gewohnheit, zum neuen Jahr Grüße zu verschicken, ist schon uralt. Bereits im alten Ägypten schickte man an Freunde und Verwandte Grüße z. B. in Form von Inschriften und Parfümfläschchen. Im alten Rom schenkte man Lorbeer- und Olivenzweige, die dem Empfänger Glück bringen sollten. Die christliche Kirche bemühte sich, alle Neujahrsbräuche auf das Weihnachtsfest zu übertragen, um ihnen ihren heidnischen Charakter zu nehmen, wie ja überhaupt das Christentum das ursprünglich heidnische Weihnachtsfest in ein christliches Fest verwandelte. Noch im 15. Jahrhundert wurden Geschenke zu Beginn des neuen Jahres gemacht und erst allmählich kam zum Beispiel in Deutschland der Brauch auf, sich zu Weihnachten Geschenke zu machen. In einigen katholischen Ländern erhalten die Kinder noch heute ihre Geschenke am Dreikönigstag, am 6. Januar.

Nach Erfindung der Buchdruckkunst wurden die Neujahrsgrüße in gedruckter Form geschickt, zuerst schenkte man Kalender, die einen Gruß enthielten, dann kamen die Neujahrsgrüße in Form von Grußbotschaften auf. Zuerst schickten Handwerker, Nachtwächter, Lehrer, Ärzte an ihre „Kunden" Grüße. Dies war mehr eine Form der Werbung als ein persönlicher Gruß. Individuelle Grüße für Freunde und Verwandte kamen erst im 18. Jahrhundert auf. Die Einführung der Postkarte im Jahre 1875 ließ dann die Neujahrskarten in ihrer heutigen Form entstehen. Viele Menschen sind der Meinung, daß der automatische Versand solcher Karten zu einem bloßen Ritual geworden ist und daß das viele Geld, das dafür ausgegeben wird, besseren Zwecken dienen könnte. Das Weltkinderhilfswerk UNICEF hat Glückwunschkarten herausgebracht, deren Verkaufserlös armen Kindern in der ganzen Welt, die Hilfe brauchen, zugute kommt.

47 Sparen in Deutschland

Im allgemeinen gilt der Deutsche als sparsam. In der Tat haben die meisten Deutschen ein Sparbuch bei der Sparkasse. Doch diese Form des Sparens ist nicht die einzige.

Viele Deutsche legen ihr Geld in Form von Lebensversicherungen an, manche besitzen sogar mehrere solcher Versicherungsverträge. Ende der 70er Jahre unseres Jahrhunderts gab es sogar 65 Millionen solcher Verträge. Diese Tatsache ist um so bemerkenswerter, als über 90 Prozent aller Bundesbürger auch Anspruch auf eine Rente aus der Sozialversicherung haben. Das meiste Geld wird in Deutschland in Lebensversicherungen investiert, eine langfristige Form des Sparens, das Sparbuch steht erst an zweiter Stelle. Die Bundesbürger zahlen im

Durchschnitt monatlich insgesamt etwa eine Milliarde Mark auf Sparbücher ein. Die meisten Kinder erhalten von der Gemeinde, in der sie das Licht der Welt erblicken, von Eltern, Verwandten und Paten bereits ein Sparbuch geschenkt. Eine andere Form des Sparens ist ein Sparvertrag, der auf eine bestimmte Zeit abgeschlossen wird und meist höhere Zinsen einbringt als ein normales Sparbuch. Der Staat zahlt für diese Form des Sparens Prämien, um die Spartätigkeit zu fördern. Andere Deutsche schließen einen Bausparvertrag ab, um ein eigenes Heim erwerben zu können, sei es eine Eigentumswohnung oder ein Einfamilienhaus. Eine andere Form der Geldanlage ist der Kauf von Wertpapieren. So kann man insgesamt feststellen, daß der Bundesbürger Reserven in verschiedener Form anlegt, um für unvorhergesehene Ereignisse oder ganz allgemein für sein Alter vorzusorgen. Die fleißigsten Sparer sind allerdings nicht die Deutschen, denn Japaner, Franzosen und Engländer sparen noch mehr als die Deutschen.

Berufstätige Mütter 48

„Schlüsselkinder"[1], deren Mütter wie die Väter einem außerhäuslichen Beruf nachgingen, galten als Märtyrer der harten Berufswelt und des Strebens vieler Eltern nach einem überdurchschnittlichen Lebensstandard. Ärzte und Psychologen glaubten, daß die „Schlüsselkinder" in ihrer kindlichen Entwicklung gefährdet seien. Auch die Kriminalisten schalteten sich ein und wollten beweisen, daß Kinder aus Familien, in denen beide Elternteile einem Beruf nachgehen, häufiger mit dem Gesetz in Konflikt kämen als Kinder aus Familien mit „Nur-Hausfrauen". Inzwischen ist man diesem Problem in den USA und in England auf den Grund gegangen und kam zu erstaunlichen Feststellungen. Die Kinder von Müttern, die einem außerhäuslichen Beruf nachgehen, sind keineswegs weniger glücklich als die Kinder, deren Mütter zu Hause sind. Die echten „Schlüsselkinder", denen einfach ein Hausschlüssel um den Hals gehängt wird und die den ganzen Tag sich selbst überlassen sind, gibt es kaum. Fast immer ist jemand da, der die Kinder während der Abwesenheit der Mutter betreut. Oft ist es eine Großmutter, oft eine Tante. So sind die Kinder mit berufstätigen Müttern weder verwahrlost noch ungeliebt. Die Psychologen meinen sogar, daß Kinder mit berufstätigen Müttern aufgeschlossener und reifer sind, daß sie auch mehr Verantwortungsgefühl haben als die Kinder, deren Mütter immer zu Hause sind. Auch ihre Einstellung zur Gemeinschaft und zu anderen Kindern soll positiver sein. Sie haben mehr Freunde und sind kontaktfreudiger. Da Mütter, die zu Hause sind, nicht selten dazu neigen,

---

[1] *Schlüsselkind:* Kind, das den Haus- oder Wohnungsschlüssel um den Hals gehängt bekommt, da die Eltern berufstätig und daher nicht zu Hause sind

ihre Kinder allzusehr zu betreuen und zu bevormunden, ist das Leben dieser Kinder nicht sehr abwechslungsreich und nicht sehr anregend. Das soll sich sogar auf die schulischen Leistungen negativ auswirken. Ihre Umwelt sei zu einseitig und eng. Die Betreuung der Kinder durch berufstätige Mütter kann natürlich nicht auf allen Gebieten so intensiv sein wie in einem sogenannten Vollhaushalt. Doch dafür bietet die berufstätige Mutter den Kindern mehr Anregungen, denn sie bringt von ihrem Arbeitsplatz immer wieder neue Erlebnisse mit. Zudem ist sie aufgeschlossener und großzügiger als die Nur-Hausfrau.

Die Psychologen wollen auch festgestellt haben, daß Kinder aus Familien mit einer berufstätigen Mutter im späteren Leben besonders gut ihren Mann stehen. Sie vertrauen weit mehr auf ihr Können und ihre Kraft als Kinder aus „Vollfamilien“. Vor allem in England vertritt man die Auffassung, daß es an der Zeit ist, die Vorurteile gegen berufstätige Mütter abzubauen und auch endlich damit aufzuhören, die Kinder berufstätiger Mütter als „Halbwaisen“ zu bedauern.

49 Kleinstadtjugend

Buxtehude bei Hamburg hat 30 000 Einwohner, zwei Kinos, 24 Gaststätten, vier Hotels, sechs Pensionen, vier Kaufhäuser und ein Gymnasium, in dem 1170 Schüler in 44 Klassen auf das Leben vorbereitet werden.

Für die jungen Leute ist „nicht viel los“. Sie treffen sich in einer Diskothek. „Hier haben wir unser Kommunikationszentrum“, sagt Raimund. Sie sind froh, daß sie überhaupt wohin können. Und auch der Wirt mag seine langhaarigen Gäste. Da geben sie ihr Taschengeld aus – ein Teil als Bier oder Cola, der andere in den Tischfußballspielen oder Flippern[1]. An verschiedenen Tischen diskutieren Schüler. Lydia ist sechzehn, besucht die Handelsschule und will im Sommer in ein Büro. Natürlich in Hamburg, denn da verdient man mehr. Aber wohnen will sie lieber doch in Buxtehude. „Man muß ja immer rechnen, daß man eine Familie gründen und Kinder kriegen muß. Und für die ist so eine Großstadt wie Hamburg nichts.“

Detlev möchte am liebsten irgend etwas studieren und dann weitersehen. Soziologie vor allem oder Psychologie, er weiß nicht genau. Aber schon dazu muß man in die Großstadt und davor hat er Angst: „Die Leute kennen sich doch gar nicht, dort ist viel zuviel los.“ Er fährt nur ungern hin, ab und zu mit den Eltern, einkaufen, vielleicht auch einmal zu einem Pop-Konzert. Am liebsten möchte er in Buxtehude bleiben, wegen der Freunde und so[2]. Er spielt Gitarre und wollte eine Gruppe gründen. Aber alles war zu teuer, und deshalb ist es nichts geworden. Politisch engagiert ist nur eine ganz kleine Gruppe. Vor einigen Monaten belebten sie das Stadtbild: als die städtische Buslinie ihre Preise verdoppelte, starteten sie

---

[1] r *Flipper:* besonderer Spielautomat
[2] *und so (umg.) (ellip.):* und so weiter

eine Aktion. Flugblätter wurden gedruckt, nach einer Woche ging zuerst das Papier und dann die Lust aus.

Es ist eine ratlose Generation, die da heranwächst, sagt der Lehrer: „Sie wissen nicht, was sie einmal tun sollen, die Zukunft ist ungewiß:" „Wir wollen ja immer etwas miteinander beginnen", sagt Detlev, „aber wir wissen ja nicht was." Daß sie auf die Dauer nicht in der Kleinstadt bleiben können, steht auch fest: „Es ist einfach kein Platz für uns in der Gesellschaft", schließt Raimund.

Der Rechenknecht 50

Taschenrechner in der Schule? Das Ja kommt zögernd, kann nicht uneingeschränkt sein. Mancher Altersstufe würde der Taschenrechner einen Bärendienst erweisen[1]. Das Münchner Institut für Schulpädagogik hat in einer Untersuchung herausgefunden, mit welchem Alter und in welchen Fächern und Schularten sich Kinder von den zeitraubenden Routine-Rechnungen befreien können, ohne dadurch selbst schlechtere Rechner zu werden. 18 Klassen einer Hauptschule, einer Realschule und eines Gymnasiums wurden versuchsweise mit Taschenrechnern ausgerüstet. Schwierige Rechenvorgänge liefen bei ihnen wochenlang vollelektronisch ab. Ein Leistungsversuch mit Schülern aus 15 Kontrollklassen, die ihr Pensum im „Dampfverfahren"[2] ohne Computer erarbeiten mußten, brachte den Beweis: Mit dem Taschenrechner macht Mathematik mehr Spaß. Die Schüler arbeiten im Unterricht besser mit.

Der Mini-Computer entlastet von mechanischen Rechentätigkeiten. Damit bleibt mehr Zeit fürs Üben und mathematische Denken.

Wer Rechnen als Dreikäsehoch[3] richtig gelernt hat, behält diese Fertigkeit trotz Elektronenhelfer; besonders wenn das Kopfrechnen weiter trainiert wird.

Der Taschen-Computer ist in jüngster Zeit für alle Eltern erschwinglich geworden, zumal wenn sie dadurch vom Kauf des auch nicht gerade billigen Rechenschiebers entlastet werden.

Jeder Schüler braucht seinen eigenen Rechner. Am besten ist es, wenn in einer Schulklasse alle den gleichen Typ besitzen. Eine Sammelbestellung über den Mathematiklehrer verhindert Fehlkäufe.

Schließlich, wer addiert und multipliziert sich schon gern den Kopf heiß, wenn er ihn dank Rechenknecht auch bei langen Zahlenkolonnen ganz kühl halten kann? Aber schon mischen sich Zweifel in die Begeisterung: Wie lange wird es dauern, bis Reform-Wüteriche und Anti-Schulstreß-Apostel von den guten alten Zeiten zu träumen beginnen, als man sich noch mit Routine-Rechnungen zwischendurch von den Strapazen des mathematischen Denkens erholen konnte?

---

[1] *e-n Bärendienst erweisen:* e-n schlechten (keinen) Dienst erweisen, schaden
[2] *im „Dampfverfahren":* hier *(iron.):* unter angestrengtem Lernen
[3] *r Dreikäsehoch:* kleiner Kerl, kleines Kind

51   Die Sucht nach dem Rauschgift

Drogen können Heilmittel sein, wenn sie in der richtigen Dosierung verabreicht werden. Sie können Schmerzen lindern und einen natürlichen Heilungsprozeß fördern. In zu großen Dosen werden die Drogen jedoch zum Gift. Rauschgiftsucht ist heute sehr häufig und bedroht die Jugend in vielen Ländern und damit auch die Gesellschaft. Der Süchtige braucht schon nach kurzer Zeit immer größere Mengen, um den Rauschzustand zu erreichen. Meist beginnen Süchtige, leichtere Rauschgifte zu nehmen, z. B. Haschisch und gehen dann zu stärkeren, gefährlicheren über, z. B. zu Morphium, LSD, Heroin, deren längerer Genuß zum körperlichen und geistigen Zerfall führt. Die Polizei aller Länder bemüht sich, den Schmuggel und Schleichhandel mit Rauschgiften zu bekämpfen. Aber dieser Kampf ist schwierig, solange die Anbaugebiete der Pflanzen, aus denen Rauschgifte gewonnen werden, nicht kontrolliert werden können, z. B. des Schlafmohns, aus dem Opium gewonnen wird, das seinerseits wieder zur Herstellung von Morphium und Heroin dient.

52   Warum Märchen für Kinder so wichtig sind

Märchen haben es seit der Jahrhundertwende schwer. Sie wurden und werden von Erwachsenen aller Art – Pädagogen, Literaten, Psychologen und Soziologen – angegriffen. Seit der Erfindung der Kinderliteratur schien es endgültig keinen Grund mehr zu geben, Kinder mit Geschichten zu belasten, die in einer Zeit voll Drachen und Königen spielten. Wie sollten moderne Kinder des Maschinen- und Atomzeitalters diese grausamen Geschichten von bösen Hexen verstehen?
Kinder haben sich um diese Ansichten jedoch wenig gekümmert. Sie setzen sich immer noch jedem zu Füßen, der ihnen Märchen vorliest. Und sie sind von „Aschenputtel" und vom „Wolf und den sieben Geißlein" so gebannt wie von kaum einem anderen Text. Wer Kindern Märchen vorenthält, tut ihnen damit keinen Gefallen, ganz im Gegenteil. Kinder brauchen Märchen.
Kinderpsychologen betonen, wie notwendig es für jedes Kind ist, einen Sinn in seinem Leben zu finden. Dem Kind helfen dabei nicht nur die Eltern und andere, die sich um seine Entwicklung kümmern; auch die Geschichten helfen ihm, die es vorgelesen bekommt und später selbst liest. Vor allem die Märchen.
Allgemeine Kinderliteratur erfüllt diese Aufgabe nur unzureichend. Sie unterhält und informiert Kinder zwar, aber die „tiefen inneren Konflikte" werden in den meisten Kinderbüchern verschwiegen. Das Märchen dagegen nimmt diese Ängste sehr ernst und spricht sie unmittelbar aus: Das Bedürfnis, geliebt zu werden, und die Furcht, als nutzlos zu gelten; die Liebe zum Leben und die Furcht vor dem Tode. Zudem bietet das Märchen seine Lösungen so, daß das Kind sie verstehen kann. Sehr viele Erwachsene meinen, die grausame Bestrafung des Bösewichts versetze

die Kinder unnötig in Erregung und Schrecken. Genau das Gegenteil ist zutreffend: Eine solche Vergeltung beweist dem Kind, daß die Strafe dem Verbrechen angemessen ist.

Trotz all der schlimmen Dinge, die darin geschehen, enden Märchen in aller Regel gut, zum Beispiel mit dem tröstlichen Satz: „. . . und von nun an lebten sie allezeit glücklich". Deshalb vor allem lieben Kinder Märchen, denn das gute Ende gibt ihnen ein Gefühl der Sicherheit und Zuversicht.

Das Vorbild 53

Wodurch erzieht der Lehrer, der erziehen will? Zunächst natürlich durch sein Vorbild, was ja nicht heißt, daß er eine moralische Vollkommenheit vortäuschen muß, die er nicht hat, nicht haben kann und auch nicht zu haben braucht. Lehrer machen Fehler, nicht nur im Sachlichen, sondern auch im persönlichen Verhalten. Noch nie hat es der Autorität eines Lehrers geschadet, wenn er ehrlich bekannt hat: „Das weiß ich nicht (oder nicht genau). Ich werde aber nachsehen und euch in der nächsten Stunde sagen, wie es ist." Eine solche Aussage leistet mehr für die „Erziehung zur Wahrhaftigkeit" der Schüler als die hochtrabenden Formulierungen in den Präambeln der Lehrpläne. Und auch das Eingeständnis: „Hier habe ich mich falsch verhalten!" oder: „Ich sehe jetzt, daß ich X Unrecht getan habe!" leistet mehr für die Erziehung der Schüler als das ängstliche Festhalten an vorgetäuschter Irrtumslosigkeit. Daß der Lehrer, der seinen Unterricht pünktlich beginnt und pünktlich schließt, es leichter hat, seine Schüler zur Pünktlichkeit zu erziehen als einer, der starke Worte gebraucht, persönlich aber schlampt, sei nur am Rande vermerkt. Das Gleiche gilt von der Vorbereitung des Unterrichts, von der raschen Rückgabe der Klassenarbeiten, der Höflichkeit im Umgang mit Schülern, der „Reversibilität"[1], wie der Erziehungspsychologe Tausch es genannt hat, wenn er die Forderung aufstellt, Lehrer sollten in Wortwahl und Tonfall mit Schülern so sprechen, wie sie es von Schülern erwarten. Über all dies dürfte vermutlich rasch Konsens[2] herzustellen sein sowohl unter Lehrern wie zwischen Eltern und Lehrern sowie Lehrern und Schülern.

Schwieriger wird es, wenn es um diejenigen Fragen geht, die jenseits der „einfachen Tugenden" liegen. Schwierig deshalb, weil wir in einer pluralistischen Gesellschaft leben, die zwar über die Grundwerte immer noch einen breiten Konsens herzustellen imstande ist, die aber im Vorfeld dieser Grundwerte unter Umständen heftige Kämpfe ausficht. Hier tut sich ein Dilemma auf: Wir beschwören den Pluralismus unserer Gesellschaft, sobald von irgendeiner Seite eine Ideologie Alleinanspruch erhebt. Und gleichzeitig wünschen wir nicht nur, daß die Schule

---

[1] *e Reversibilität:* Umkehrarbeit hier: Gegenseitigkeit; vgl. *etw.* ist irreversibel . . . nicht mehr rückgängig zu machen

[2] *r Konsens:* Übereinstimmung (der Meinungen)

sich zu ihrem Erziehungsauftrag bekennt, sondern auch, daß die in ihr arbeitenden Lehrer diesen Erziehungsauftrag akzeptieren und dabei – auch im Detail – alle die gleichen Wertvorstellungen haben, die ihrerseits mit den Wertvorstellungen der Eltern übereinstimmen sollen. Damit aber ist die Schule, sind die Lehrer, überfordert.

54 Sie zeigen uns die Zunge . . .

Jeder Staat hat bekanntlich sein Wappen. Wer sich diese Symbole näher ansieht, kann eine merkwürdige Feststellung machen: Tiere sind die beliebtesten Modelle für die Darstellungen auf den Wappen. Löwe und Adler werden besonders gerne gebraucht. In den meisten Fällen reißt der Löwe sein Maul auf und zeigt seinen furchterregenden Rachen.

Das indische Wappen besitzt drei Löwen; einer von ihnen hat einen Schnurrbart und sieht aus wie ein gutmütiger alter Mann.

Der Adler im mexikanischen Wappen verzehrt eine Schlange. Der österreichische Adler zerreißt mit seinen Krallen eine Kette. Der einzige noch existierende Doppeladler ist im Wappen von Albanien.

Afrikas Staat Sudan wählte als Wappentier ein Nashorn.

Das Wappen von Laos zeigt drei weiße Elefanten.

Nur ein einziges Wappen ist mit dem Bild eines Menschen geschmückt: das Wappen der Mongolischen Volksrepublik zeigt einen Reiter mit blauem Mantel.

55 Arbeit und Muße

Der Mensch hat die Maschine geschaffen, aber die Maschine prägt auch den Menschen. Der Mensch bedient sich der Maschine, aber auch die Maschine bedient sich des Menschen. Zeigt es sich doch, daß die technische Entwicklung dem Menschen über den Kopf zu wachsen[1] droht. Das „Menschenmaterial" muß einer immer stärker werdenden Zerreißprobe[2] unterworfen werden – wie z. B. bei den hohen Geschwindigkeiten der Düsenflugzeuge und der Weltraumforschung. Die Schallmauer und Hitzemauer läßt sich brechen, die „Kreatur-Mauer" bleibt bestehen. Ist der Mensch wirklich „stärker als die Technik", wie Heinz Gartmann

---

[1] *über den Kopf wachsen (fig.):* überlegen werden, nicht mehr beherrschbar sein
[2] *e Zerreißprobe:* Versuch, *e-n* Werkstoff zu zerreißen, um *s-e* Festigkeit zu prüfen

meint? Dem steht der Ausspruch eines amerikanischen Flugingenieurs entgegen. „Gemessen an seinen bevorstehenden Flugaufgaben ist der Mensch eine Fehlkonstruktion." Aber auch heute schon muß der Überschallpilot an den Apparat, den er fliegen will, „installiert" werden wie ein (leider) noch nicht zu entbehrendes Maschinenteil. Stellen wir daneben noch den Atomarbeiter, der sich nur auf seinen Geigerzähler und seinen komplizierten Schutzanzug verlassen kann und nicht auf sich selbst, so haben wir extreme, aber durchaus bezeichnende Sinnbilder des technischen Arbeiters in unserer Zeit. – Dabei bietet die Fließbandarbeit schon genug an Problemen. Die „Fabrikneurosen", Managererkrankungen häufen sich. Zudem hat die Entfremdung des Arbeiters vom Arbeitsprodukt nicht nur physische, sondern auch psychische Folgen. „Die Maschine ist unpersönlich, sie entzieht dem Stück Arbeit seinen Stolz, sein individuelles Gutes und Fehlerhaftes, was an jeder Nichtmaschinenarbeit klebt, also sein bißchen Humanität" (Friedrich Nietzsche). Der in einzelne Arbeitsphasen zerlegte Produktionsgang läßt das beglückende Erlebnis einer ganzheitlichen, überschaubaren und erfaßbaren Schöpfung durch den einzelnen nicht mehr zu; schon Karl Marx hat auf diese „Denaturierung" der Arbeit hingewiesen.

Und so wie die Technik sich zwischen Arbeit und Arbeiter schiebt, zerstört sie die Fähigkeit zur Muße. Lärm und Unruhe bestimmen die „Erholung" des technischen Menschen. Vergnügen heißt heute: die Nerven aufpeitschen, die Seele nicht zur Ruhe kommen lassen. Max Picard, der Schweizer Kulturphilosoph, sagt treffend: „Der Mensch ist Anhängsel[1] des Radiogeräusches." Denken wir auch an den Thriller- und Killerfilm, an Illustrierte und Magazin: dunkle menschliche Triebe werden angesprochen und zu vollem Leben erweckt; was früher am Rande des Daseins angesiedelt war, wird in unserer Plakatwelt schreiend ausgerufen und angepriesen. Der Sport paßt sich der Rekordsucht und Sensationsgier der Zuschauermassen an.

Mit Schnorchel, Maske und Flossen $\qquad$ 56

Immer häufiger kann man heute als Urlauber an den Meeren und Seen Sporttauchern begegnen. Mit Maske, Schnorchel und Schwimmflossen gleiten sie lautlos durchs Wasser. Und manche stoßen mit Atemgeräten in größere Tiefen vor; denn seltene Fische, exotische Meerestiere und zauberhafte Korallengebilde üben eine magische Anziehungskraft auf den Menschen aus.

Das Abenteuer wird Ihnen leicht gemacht, denn heute gibt es fast an allen großen Seen und Meeresküsten Tauchschulen. Dort werden die Teilnehmer in das ABC des Sporttauchens eingeweiht – sogar jetzt, mitten im Winter. So entdecken sie eine

---

[1] *s Anhängsel:* hier: unbedeutender Zusatz/Beigabe

Welt, die voller Geheimnisse steckt und die sie wegen ihrer Schönheit in ihren Bann zieht. Vielleicht bekommen Sie Lust, im nächsten Urlaub auch ein bißchen mitzumachen?

Der Mensch hat von Anfang an versucht, sich die Welt untertan zu machen. Er hat systematisch die Kontinente erforscht, Urwaldgebiete erschlossen und die höchsten Berge bezwungen. Mit der Erfindung des Flugzeuges wurde auch der Luftraum erobert. Doch während der Mensch mit Raumschiffen sogar schon zum Mond fliegt, weiß er von den Tiefen der Meere noch recht wenig.

Das U-Boot war die erste Erfindung, womit der Mensch mehrere hundert Meter tief ins Meer vorstoßen konnte. In einer an einem Kabel hängenden Kugel erreichten die Amerikaner Barton und Beebe 1934 schon die Tiefe von 923 Metern. Der bekannte Schweizer Forscher Professor Piccard schuf den Bathyscaph (griechisch: Tiefseefahrzeug). Damit wurden im Marianengraben[1] über 10 000 Meter Meerestiefe erreicht. Der französische Forscher Cousteau ersann die „tauchende Untertasse", die in Tiefen von 3000 Metern vorgestoßen ist. Das Atom-Unterseeboot kann heute monatelang unter Wasser bleiben.

ROBERT MUSIL[2]

57 Hier ist es schön

Es gibt viele Menschen, die sich von ihren Vergnügungsreisen an berühmte Orte führen lassen. Sie trinken in ihrem Hotelgarten Bier, und wenn sie dazu angenehme Bekanntschaften machen, freuen sie sich schon auf die Erinnerung. Am letzten Tag gehen sie bis zum nächsten Papierladen; dort kaufen sie Ansichtskarten, und dann kaufen sie noch beim Kellner Ansichtskarten. Die Ansichtspostkarten, welche diese Menschen kaufen, sehen in der ganzen Welt einander ähnlich. Sie sind koloriert; die Bäume und Wiesen giftgrün, der Himmel pfaublau, die Felsen sind grau und rot, die Häuser haben ein geradezu schmerzendes Relief, als könnten sie jeden Augenblick aus der Fassade fahren[3]; und so eifrig ist die Farbe, daß sie gewöhnlich auch noch auf der anderen Seite ihrer Kontur als schmaler Streif mitläuft. Wenn die Welt so aussähe, könnte man wirklich nichts Besseres tun, als ihr eine Marke aufzukleben und sie in den nächsten Kasten zu werfen. Auf diese Ansichtskarten schreiben diese Menschen: „Hier ist es unbeschreiblich schön" oder: „Hier ist es herrlich" oder: „Schade, daß Du diese Pracht nicht mit mir sehen

---

[1] *Marianengraben:* Meerestiefe (11 034 m) östlich der Inselkette der Marianen oder Ladronen im westlichen Stillen Ozean

[2] *Robert Musil:* bedeutender österreichischer Schriftsteller (1880–1942); bekannt vor allem durch sein Romanfragment *Der Mann ohne Eigenschaften,* in dem die Gesellschaft der untergehenden Donaumonarchie beschrieben wird

[3] *aus der Fassade fahren:* hier *(iron.):* in Anlehnung an aus der Haut fahren, platzen vor Ärger, Wut

kannst". Manchmal schreiben sie auch: „Du kannst Dir keine Vorstellung machen, wie schön es hier ist" oder: „Wie wir hier schwelgen!"
Man muß diese Leute aber nur richtig verstehen! Sie freuen sich sehr, daß sie auf der Reise sind und so viele schöne Dinge sehn, die andre nicht sehen können; aber es bereitet ihnen Pein und Verlegenheit, diese Dinge anzuschaun. Wenn ein Turm höher ist als andere Türme, ein Abgrund tiefer als die gewöhnlichen Abgründe oder ein berühmtes Bild besonders groß oder klein ist, so geht es ja an[1], denn dieser Unterschied läßt sich festhalten und erzählen. [. . .] Wenn aber etwas nicht hoch, tief, groß, klein oder auffallend angestrichen, kurzum, wenn etwas nicht etwas ist, sondern bloß schön, [. . .] so entstehen eben jene Och! und Ach!, die peinliche Erstickungslaute sind. [. . .] Es ist unrecht, sich darüber lustig zu machen. Die Ausdrücke drücken eine sehr schmerzliche Beklemmung aus.

Allein im Urlaub   58

Urlaub macht nicht einsam, aber er macht Einsamkeit offenkundig. Diese Feststellung machen Jahr für Jahr Hunderttausende von Urlaubern. Wir wissen aus der letzten Reiseanalyse, daß im vergangenen Jahr rund 3,5 Millionen Bundesbürger allein in den Urlaub gefahren sind und daß ein großer Teil von ihnen – besonders Frauen – auch allein geblieben sind.
Hinter der lachenden geschäftigen Fassade der heiteren Ferienwelt verbirgt sich viel Enttäuschung, Verbitterung, Resignation. Ein Urlaub kann mißlingen, obwohl er äußerlich perfekt abläuft.
Freilich fühlen sich nicht alle Alleinreisenden von der Gesellschaft im Stich gelassen. Viele entfliehen ja gerade dem Trubel des Alltags, wollen zu sich selbst kommen, am besten niemanden sehen, verzichten gern auf Gesellschaft.
Doch es bleibt die große unbekannte Gruppe derer, die sich nach Geselligkeit, nach ganz einfachen menschlichen Kontakten sehnen und links liegen gelassen werden. Was muß ein Mensch schon alles auf Urlaubsreisen erfahren haben, wenn er schreibt: „Für mich ist es ein Alptraum, bei einem Badeurlaub zwischen lauter fröhlichen Menschen regelrecht zu verkümmern." Einsamkeit im Urlaub – angesprochen ist jedermann. Die Reiseveranstalter, die Hotels und die Fremdenverkehrsorte beginnen erst allmählich zu begreifen, daß sie in ihrer lauten Betriebsamkeit vielleicht das Wichtigste vergessen haben: die Menschen.
Natürlich gibt es Versuche und Bemühungen, Kontakte zu schaffen. Aber die meisten Ferienorte tun wenig, und die Gastwirte, Hoteliers und Pensionsinhaber tun noch weniger, um die Menschen einander näher zu bringen. Es müßte etwas geschehen, damit so viele Urlauber ausgerechnet in den drei Wochen, auf die sie ein Jahr lang gehofft haben, sich nicht vorkommen wie Aussätzige.

---

[1] *so geht es ja an:* hier: ist es nicht so schlimm, macht es nicht so viel aus

59 Brasilien

Rio ist die Traumstadt nicht nur für Europäer. Es ist das Synonym für Sehnsucht und Schönheit und leichtes Leben, ist der Duft von Ananas und Orangen, der Geschmack von Oliven, ist Dösen[1] unter Palmen und Tanzen unter Sternen. Für den regenmüden Europäer ist Rio schon Erfüllung, wenn er eintaucht in das Gewimmel eines seiner Strände.

Rassentrennung gibt es in diesem Schmelztiegel vieler Völker nicht. Und kaum irgendwo in der Welt sind die Mädchen schöner, ihre Bewegungen anmutiger, sitzen die Badeanzüge knapper. Kein Wunder, daß der Tanga, dieses bißchen Stoff, das mehr zeigt als verdeckt, von den Stränden Rios kam. Was tut's, wenn von den Prachtstraßen, über die der Verkehr sechsspurig rollt, sich der Pesthauch der Abgase über die Bucht breitet, was tut's, wenn das Meer zur Kloake verkommt. Man ist fröhlich an diesen Stränden, lebt einfach und schaut den bunten Drachen nach, die am Himmel hängen wie bunte Lampions.

So unbeschwert zeigt sich Rio nur dem Fremden. Die Gegensätze zwischen Arm und Reich wachsen, wie in allen brasilianischen Metropolen, von Tag zu Tag. Und es ist nur ein Sprung von den vollklimatisierten Salons des Juweliers Stern hinauf zu den Bretter- und Wellblechquartieren der Armen und Ärmsten. Die Slums klettern die Hügel um Rio hinauf, sind Treibhäuser[2] für Gewalt und Kriminalität. Auch Polizisten wagen sich höchstens noch in Trupps dorthin.

Sicher ist Rio allein schon eine Reise wert. Doch ist es eben nur ein Mosaiksteinchen in diesem gigantischen Land.

60 Als Tourist in Bayern

Was den Ausländern am meisten auffällt, wenn sie mit dem Auto nach Bayern kommen, sind die weiß-blauen, wappengeschmückten Landesschilder „Freistaat Bayern", die sich an den eigentlichen Grenzübergängen auch neben den Tafeln „Bundesrepublik Deutschland" behaupten. Bayern legt Wert auf seine Hoheitsrechte, nicht nur das Land, auch seine Landkreise, die sich ebenfalls Wappen zugelegt und diese an den Landkreisgrenzen aufgestellt haben.

Bayern ist mit 70 500 Quadratkilometern nicht nur das größte, es ist auch das eigenwilligste Land der Bundesrepublik Deutschland. Es wird deshalb dann und wann bespöttelt, es wird aber mehr noch geliebt: Die West- und Norddeutschen und die Ausländer aus Europa und Übersee reisen in der Bundesrepublik

---

[1] *dösen:* s. im Halbschlaf befinden
[2] *Treibhäuser* hier *(fig.):* Orte, an denen die Kriminalität so schnell wächst wie Pflanzen in warmen Gewächshäusern

Deutschland bekanntlich am liebsten nach Bayern. Bayern ist das größte deutsche Reiseland.

Die Besucher haben häufig bestimmte und meist allzu einfache Vorstellungen von Bayern: Bier, Schuhplattler, Oktoberfest und ein Königsschloß wie aus einem Märchenbuch – das ist Bayern. Nein, das ist nicht ganz Bayern! Man sollte etwas mehr wissen, um dann mehr zu erleben.

Zunächst ein bißchen Geschichte. Bayern hatte schon blühende Städte in keltischer und römischer Zeit. Die Römer haben die Donau zur Grenze ihres Imperiums gemacht und von hier aus den berühmten Limes an den Rhein gezogen. Die Bajuwaren dann, die frühen Bayernherzöge, hatten ein bayerisches Reich, das bis an die Adria reichte. Die Wittelsbacher haben das Land von 1180 bis 1918 als Herzöge, Kurfürsten und Könige regiert, also abgezählt 738 Jahre lang. Als Napoleon Bayern zum Königreich machte, wurden hier drei Volksstämme zusammengeschlossen – die Altbayern, die Schwaben und die Franken. Die Stämme sind so verschieden wie ihre Mundarten. Sie kritisieren und bewitzeln einander, sie wetteifern aber auch miteinander, und wenn es darauf ankommt, sind alle echte Bayern, die ihr Land lieben. Es ist ein reiches Land. Vom 2. bis 20. Jahrhundert findet man im ganzen Lande bedeutende Baudenkmäler und Kunstwerke, wobei der Barock die Wesensart Bayern wohl am vollkommensten zum Ausdruck bringt.

Dann die Natur! Die Berge, Bayerns Stolz, die Seen dazwischen, das Voralpenland mit den saftigen Viehweiden. Oben schwimmen weiße Wolken auf blauem Himmel, unten weiße Segel auf blauem Wasser. Bayern ist weiß-blau. Es ist aber auch grün, grün von Wiesen und grün von Wäldern. Der Bayerische Wald schließt Deutschlands ersten Nationalpark ein. Und in Franken gibt es Weinberge und die Fränkische Schweiz mit Tropfsteinhöhlen[1].

Augsburg 61

Seit der Gründung durch den römischen Kaiser Augustus ist Augsburg ein Schnittpunkt wichtigster Verkehrsverbindungen des Kontinents. Dieser bevorzugten Lage verdankte die Stadt schon im Mittelalter ihre große Bedeutung.

Die reichen Fugger und die seefahrenden Welser[2] erhoben Augsburg zur Weltstadt und zum Schaffensort[3] berühmter Maler, Bildhauer und Musiker.

Zu einem kulturellen Höhepunkt wurde die Renaissance. Augsburg war damals ein Zentrum der Architektur, Musik und Malerei. Das Rokoko nannte man

---

[1] *e Tropfsteinhöhle:* unterirdischer Raum im Gestein, in dem sich Kalksteinabsonderungen aus langsam fließendem (tropfendem) Wasser gebildet haben
[2] *die Fugger und Welser:* reiche Augsburger Kaufmanns- und Bankiersfamilien
[3] *r Schaffensort (lit.):* Arbeitsplatz, Ort der Tätigkeit

„Augsburger Geschmack". Holbeins und Mozarts Vorfahren lebten jahrhunder-
telang in der Stadt und in der an Dörfern reichen Umgebung. Konzerte in
prächtigen Sälen, Opern unter freiem Himmel, Kunstausstellungen, Museen und
Kirchen sind heute ebenso Ziel der Touristen aus aller Welt wie die Fuggerei[1] oder
das Rokokopalais der Schaezler[2].
Die Bankiers und Fabrikherren des 19. Jahrhunderts sicherten epochemachenden
Erfindungen den Erfolg. So steht die Geburtsstunde des Dieselmotors in Augsburg
am Beginn unseres Zeitalters, in dem die Stadt dank einem gütigen Geschick eine
der schönsten Städte Deutschlands blieb.
Vergangene Blütezeiten und regsame Gegenwart vereinen sich in ganz wenigen
Großstädten zu solch einer architektonischen Harmonie wie in der Fuggerstadt
Augsburg. In 2000 Jahren prägte sich ein Städtebild, an dem alle großen
Stilepochen ihren Anteil haben. Großzügige Straßenräume, Monumentalbrunnen
und repräsentative öffentliche Bauten vergegenwärtigen das weltweite Denken und
Planen der Bürger dieser Stadt.

62 Bonn

Die Politik fällt neun von zehn Bundesbürgern ein, wenn sie den Namen „Bonn"
hören, lesen oder sprechen. Bonn steht jedoch keineswegs nur für die Politik, kann
und will nicht allein Schauplatz von Glanz und Erfolg oder auch Krise und
Mißerfolg der Mächtigen des Landes sein. Die fast 2000 Jahre alte Stadt, der die
Hauptstadtwürde 1949 verliehen wurde, hat auch ein anderes Gesicht: Bonn
bedeutet rheinische Lebensart, Kunst und Kultur, Wissenschaft und Forschung,
Handel, Handwerk und Industrie, Tradition und Fortschritt, Karneval und
Jahrmarkt, Sportstadt und grünste Hauptstadt Europas, Stadt der Kongresse und
der Touristik.
Über 288 000 Menschen leben in der „kleinen Residenz" am Rhein, die das
Klischee vom Bundesdorf seit langem schon abgebaut hat. Die Bundesbürger
rechnen ihrer Hauptstadt, wie eine Umfrage ergeben hat, überwiegend
Eigenschaften zu, die in der Regel Städten mit mindestens einer halben Million
Einwohnern nachgesagt werden. Und die Bonner meinen über Bonn, daß die Stadt
lebenslustig, jugendlich, freizeitbetont, gemütlich, tolerant, zwanglos und char-
mant ist. 98 Prozent der Bonner gefällt es in Bonn.
Die liebenswerte Stadt am Rhein, in der die Politik für den viertgrößten
Industriestaat der Erde gemacht wird, braucht den Vergleich mit Köln oder
Frankfurt, Hamburg oder München, Essen oder Düsseldorf in vielerlei Hinsicht
nicht zu scheuen: Obwohl Bonn unter den 25 größten Städten der Bundesrepublik,
gemessen an der Einwohnerzahl, nur den 19. Platz einnimmt, ist es im exklusiven
Klub der Großen (auch hier wieder gemessen an der Einwohnerzahl) die Stadt mit

---

[1] *ᵉ Fuggerei:* von Jakob Fugger in Augsburg (1516–1519) errichtete Sozialsiedlung, die heute noch besteht
[2] *Schaezler:* eine Augsburger Patrizierfamilie

der größten geschlossenen Fußgängerzone, der drittgrößten Personenwagendichte, den meisten Akademikern (neben Heidelberg), den meisten Theaterplätzen und der besten Theaterplatzausnutzung, der größten Schwimmbadfläche, dem größten Sportflächenangebot in Sport-, Turn- und Gymnastikhallen, der höchsten Zuwachsrate im Bruttoinlandsprodukt und dem größten Wohnflächenangebot je Einwohner in Nordrhein-Westfalen. Bonn zählt zu den Städten mit dem dichtesten Fernsprechnetz, dem größten Angebot an Kindergartenplätzen und der höchsten Abiturientenquote, um nur einige der „vorderen Plätze" Bonns zu nennen.

Essen

Wenn von der Stadt Essen die Rede ist, denkt man zunächst an große Industrieanlagen, an Kohlenbergwerke und an eine starke Konzentration von Menschen in einem Industriegebiet. Doch Essen bietet mehr, und viele Deutsche wissen zu wenig über die Stadt Essen. Z. B. ist ihnen nicht bekannt, daß Essen nach Berlin, Hamburg, München und Köln die fünftgrößte Stadt der Bundesrepublik ist, es ist also größer als z. B. so bekannte Städte wie Frankfurt, Stuttgart, Nürnberg, Düsseldorf oder Bremen.

Während früher Essen weitgehend von Kohle und Stahl beherrscht wurde, ist Essen heute auch eine moderne Verwaltungsstadt, aber auch ein wichtiges Handelszentrum. Essen hatte als erste Stadt der Bundesrepublik eine Fußgängerzone. Daneben hat Essen schöne Parks und andere Grünanlagen. Der größte Park der Stadt wurde von dem bekannten Großindustriellen Alfred Krupp, dem Gründer der bekannten Industriellendynastie, geschaffen. Unter den Gästen, die diesen Park besuchten, waren so berühmte Persönlichkeiten wie die beiden deutschen Kaiser Wilhelm I. und Wilhelm II., Bismarck, Alfred Nobel, der Erfinder des Dynamits und Stifter des Nobelpreises und Rudolf Diesel, der den nach ihm benannten Dieselmotor erfunden hat.

Essen ist der Mittelpunkt des Ruhrgebietes, das heute noch der größte Ballungsraum in Deutschland ist, in dem über 5 Millionen Menschen wohnen. Die Bevölkerungskonzentration des Ruhrgebietes wird in Europa nur noch von den Großräumen von London und Paris übertroffen. Hier wie dort hat natürlich eine solche Konzentration von Menschen auch ihre Nachteile, z. B. auf dem Gebiet des Verkehrs. So sind z. B. die vier Autobahnen, die nach Essen führen, heute schon nicht mehr ausreichend. Der Essen am nächsten gelegene Großflughafen befindet sich in Düsseldorf.

Essen ist auch ein bedeutendes Messe- und Ausstellungszentrum. 21 Großunternehmen haben ihren Hauptsitz in Essen. Von den hundert größten deutschen Firmen sind allein zwölf in Essen ansässig, das den zweiten Platz nach dem größten Industriezentrum der Bundesrepublik, Hamburg, einnimmt.

Essen ist nicht nur die Stadt des Kohlebergbaues und der Stahlwerke, es ist auch eines der größten Zentren der Energieproduktion in der Bundesrepublik. Daneben gibt es auch große Baufirmen von internationaler Bedeutung. Essen ist nach Hamburg auch die wichtigste Druckerstadt der Bundesrepublik. Dort erscheinen auch viele weitverbreitete Tageszeitungen und Wochenzeitschriften. Heute besitzt Essen auch eine Universität. Sein Kulturleben hat mit Theatern, Konzerten, Museen und vielem anderen viel mehr zu bieten, als man anderswo vermutet. So ist Essen heute nicht mehr die schmutzige Stadt, in der Kohle und Stahl dominieren, sondern eine moderne Industrie-, Handels- und Verwaltungs-metropole.

64 Travemünde

Einwohner: 13 000, 44 Hotels, zuzüg-lich Pensionen, etwa 5500 Gästebetten.

Ein traditionelles Ostseeheilbad mit vielen Stammurlaubern ist Trave-münde, ein Stadtteil von Lübeck. Zur etwas verstaubten Eleganz des Bades paßt das Publikum mit vielen älteren Urlaubern. Das Bild der hübschen Stadt an der inneren Lübecker Bucht wird unter anderem von einem gewal-tigen Betonklotz geprägt, dem Hotel Maritim mit seinen 35 Stockwerken. Allerdings: Vom obersten Stockwerk des Hauses hat man einen fantastischen Blick über das leicht hügelige Holstei-nische Hinterland. Wer sportliche Be-tätigung und Abwechslung sucht, kommt in Travemünde durchaus auf seine Kosten. Es gibt ein breites Sportangebot, ein Kino, Tanzmöglich-keiten (darunter drei Diskotheken), fünf Bars und einen Nachtclub – und nicht zuletzt das Spielcasino mit tägli-chem Tanztee von 16.00 bis 18.00 Uhr. Dort herrscht zuweilen ein Gedränge wie in einer Markthalle. Gedränge gibt es auch am Hafen (reger Fährverkehr nach Skandinavien) und auf den Stra-ßen des Ortes. Wer am Wochenende auf die Hauptverkehrsader gerät, kommt so schnell nicht aus der Blechschlange[1] heraus. Kritischste Zeit: sonntags ab 16.00 Uhr, wenn die Wochenendbesucher nach Hause fah-ren. Kuren[2] kann man im großen Strandbad-Zentrum, baden an mehre-ren schönen, aber vollen Stränden.

65 Schwaben

Schwaben in Zahlen

Mit einer Fläche von 9990 km^2 ist Schwaben nach Ober- und Niederbayern der drittgrößte bayerische Regierungsbezirk und erreicht im Allgäu den südlichsten Punkt der Bundesrepublik. In der Bevölkerungszahl liegt Schwaben mit 1 517 522

---

[1] *e Blechschlange (umg.):* endlos lange Kolonne von Autos
[2] *kuren:* eine Kur machen

Einwohnern hinter Oberbayern an zweiter Stelle. Die Wirtschaft ist erfreulich stabil. Die Arbeitslosenquote war im September 1979 mit 2,1 Prozent so niedrig wie sonst nirgendwo in Bayern. Auch sonst gibt es in Schwaben der Superlative genug. Mit 2,2 Mio Gästeübernachtungen im Jahr 1978 ist Oberstdorf die beliebteste Urlaubsgemeinde der Bundesrepublik. In Oberstdorf steht auch die größte Skiflugschanze der Welt. Einen Rekord eigener Art stellte die Allgäuer Kuh Lobi auf, die im Jahr 1978 11 453 Kilogramm Milch gab.

Wie die Schwaben sind

Dem Schwaben werden Sparsamkeit und Fleiß mit solcher Beharrlichkeit zugeschrieben, daß er mancherorts schon als geizig und arbeitswütig gilt. Zu Unrecht, denn auch der Schwabe liebt den Feierabend. Und daß er sein Geld lieber für handfeste Dinge ausgibt als für flüchtige Genüsse, kann ihm keiner verargen. Der Schwabe blickt mit Skepsis und Vorsicht in die Welt. Er sagt lieber erst einmal „nein", wenn er sich einer Sache nicht ganz sicher ist. In der Freundschaft ist er treu und beständig, dem Fremden gegenüber freundlich und aufmerksam. Im Umgang wirkt der Schwabe eher nüchtern, und doch hat er eine natürliche Begabung für Musik, Dichtung und Malerei, wie eine Vielzahl großer schwäbischer Künstler beweist. Sollte diese Beschreibung auf Ihre schwäbischen Freunde nicht zutreffen, dann wundern Sie sich nicht: Der Schwabe kann auch ganz anders sein.

Istanbul   66

Vor mehr als 500 Jahren eroberten die Türken *Konstantinopel,* die Kaiserstadt des Oströmischen Reiches. In späteren Kriegszügen kamen sie bis vor die Tore Wiens. Im Laufe der Zeit haben sie die unterworfenen Länder wieder aufgeben müssen. Heute gehört nur noch der Südostzipfel der Balkanhalbinsel zur Türkei. Damit beherrscht dieser Staat die wichtige Verbindung zwischen Mittelmeer und Schwarzem Meer. Im *Bosporus* verengt sich das Fahrwasser auf nur 600 m, und westlich des *Marmarameeres* liegen die Ufer der *Dardanellen* auch nur 3 km auseinander.
Konstantinopel, heute *Istanbul* genannt, gilt als eine der schönsten Städte der Welt. Wundervoll liegt es auf den Hügeln am Marmarameer und rings um das *Goldene Horn,* das einen natürlichen Hafen bildet. Die Stadt der vielen Moscheen und Kirchen, der Paläste und Gärten, der Basare mit dem geschäftigen Treiben und dem bunten europäischen und asiatischen Völker- und Sprachengewirr übt seit alten Zeiten eine mächtige Anziehungskraft aus. Jeder wollte einmal „in die Stadt" – das heißt „Istanbul". Dank der hervorragenden Verkehrslage ist Istanbul, das 2,4 Millionen Einwohner zählt, noch immer die wichtigste Handelsstadt der Türkei, wenn es auch nicht mehr die Hauptstadt ist.

67 Triest, das Tor zum Süden

An der nördlichsten Stelle der Adria, dort, wo das Meer am nächsten an Österreich und Süddeutschland heranreicht, liegt Triest. Triest kann als Hafenplatz auf eine 250jährige Entwicklung zurückblicken, die mit der Eröffnung des Suez-Kanals Mitte des vorigen Jahrhunderts einen steilen Aufschwung nahm. Heute ist die Hafenstadt wegen ihrer günstigen geographischen Lage zu einem bedeutenden Verkehrsknotenpunkt im internationalen Handel geworden. Die kürzesten Seewegverbindungen zwischen den Industriestaaten Europas und dem Nahen und Fernen Osten führen über Triest. So ermöglicht der Suez-Wasserweg im Schiffsverkehr auf der Route von Triest nach dem Fernen Osten im Vergleich zu den nordeuropäischen Häfen eine um 2000 Meilen kürzere Fahrt; ein Zeitvorteil, der sich mit wachsender Intensivierung der Handelsbeziehungen spürbar zum Nutzen der Austauschpartner auswirkt.

Seit der Wiedereröffnung des Suez-Kanals verzeichnet Triest eine beachtliche Aufwärtstendenz. Die wachsende Bedeutung des Hafens findet im hohen Anteil der ausländischen Transit-Güter am Hafenumschlag ihre Bestätigung; er umfaßt etwa 90% des gesamten Ein- und Ausfuhrverkehrs. Die autonome Hafenbehörde hat dieser Entwicklung Rechnung getragen und deshalb schrittweise Investitionen zur Modernisierung und Rationalisierung der Hafeninfrastruktur geplant und durchgeführt . . .

68 Wien – Stadt und Umgebung

Nur wenige Städte Europas besitzen ein so ausgeprägtes internationales Klischeebild wie Wien: In der Vorstellung vieler Touristen ist die Donaumetropole nur eine Mischung von Stephanskirche und Spanischer Hofreitschule[1], von Sachertorte[2] und Heurigem[3], von Sängerknaben, Walzerklängen und einer allgemeinen Gemütlichkeit.

Da der Wiener, glaubt man dem Dichter Hermann Bahr, „nichts tut, Wien zu verändern", wird der Fremde auch in unseren Tagen die einzigartige, traditionelle Atmosphäre und den Charme der Millionenstadt am Donauufer verspüren und so in seinen Erwartungen trotz aller modernen Einflüsse kaum enttäuscht werden. Daneben aber sollten die Leistungen Wiens in der Medizin, Psychologie, Nationalökonomie und im Sozialwesen nicht vergessen werden.

Richard Wagner, der sich zwischen 1861 und 1875 mehrmals in Wien aufhielt, schildert die Verhältnisse „heimisch und doch großartig" und hat damit erkannt, daß die Eigenart Wiens in seinen Gegensätzen liegt: Aus ihnen

---

[1] die *Spanische Hofreitschule* in Wien ist berühmt für die Dressurvorführungen mit den Lippizanerhengsten
[2] *Sachertorte*: Wiener Kuchenspezialität, benannt nach dem weltberühmten Café *Sacher*
[3] *r Heurige*: Wiener Bezeichnung für neu gekelterten Wein

wurde die Stadt und das Wienerische geboren. Durch die alten Befestigungen auf engen Raum beschränkt, schoben sich die Häuser in den schmalen Straßen der Innenstadt mit fünf oder sechs Stockwerken empor und mit drei Kellergeschossen in die Tiefe. In die Vororte aber drängt die Natur mit Auen, Wäldern und grünen Hängen herein. Rings um das lebhafte Treiben in den inneren Bezirken legt sich ein Kranz von stillen, oft bäuerlich anmutenden Gäßchen mit Winzerhäusern und blumenreichen Vorstadthöfen. Auch die nähere Umgebung Wiens prägt das Bild der Donau-Metropole: Ein Wien-Besuch ohne die Fahrt etwa durch den Wienerwald nach Klosterneuburg wäre undenkbar. So muß in einer Wien-Beschreibung auch der näheren und weiteren Umgebung ein Platz eingeräumt werden.

Niemand wird je ergründen, weshalb gerade in Wien soviel Musik und Erfindergeist, Lässigkeit und Spottsucht, Empfindsamkeit, Melancholie und Leichtsinn zusammenkamen und jene Blüte einer Philosophie schufen, die in den Worten „leben und leben lassen" gipfelt. Diese bewirkt aber auch, daß der Besucher Wiens niemals äußerem Schein gegenüberstehen wird: Wien und das Wiener Leben umfängt den Fremden im ersten Augenblick.

Das Fürstentum Liechtenstein   69

Zwischen dem Oberlauf des Rheines und den Alpen, zwischen Österreich und der Schweiz, liegt das Fürstentum Liechtenstein, einer der sog. Zwergstaaten[1] in Europa, von denen es heute noch fünf gibt: Andorra in den Pyrenäen zwischen Frankreich und Spanien mit 453 qkm, Liechtenstein mit 160 qkm, San Marino mitten im italienischen Staatsgebiet mit 61 qkm, Monaco mit 1,5 qkm und der Vatikanstaat mit 0,44 qkm.

Die Hauptstadt Vaduz hat ein reges Geschäftsleben, denn wegen der Steuervorteile, die Liechtenstein bietet, haben hier viele ausländische Firmen ihren Sitz und die örtlichen Banken wickeln einen beachtlichen Zahlungsverkehr ab. Man würde dem Lande aber Unrecht tun, wenn man es nur als Steuerparadies[2] betrachten würde.

Liechtenstein hat schöne Landschaften zu bieten, vom Tal des Rheines hinauf in die hohen Gipfel der Alpen, von Weingärten bis zu Wintersportorten. Besonders schön sind die Bergwälder des Landes, die zum Wandern einladen. Um die interessante Fauna und Flora des Landes zu erhalten, wurden Naturschutzgebiete geschaffen. So ist es nicht verwunderlich, daß neben der Landwirtschaft (vor allem Milchwirtschaft, Obst- und Weinbau) und der Industrie auch der Fremdenverkehr ein wichtiger Wirtschaftsfaktor ist.

---

[1] *Zwergstaat:* hier: sehr kleiner Staat. Die Zusammensetzungen mit *Zwerg-* drücken allgemein den Gedanken ‚klein' aus

[2] *Steuerparadies (fig.):* Land, in dem man im Vergleich zu den meisten anderen keine oder nur sehr wenige Steuern zahlen muß

70 Die Irische Republik

Die Iren sind keltischer Abstammung. Viele Jahrhunderte lang war die ganze Insel von den Engländern besetzt. Die katholischen Iren lehnten jedoch die britische Herrschaft ab. Viele wanderten aus. Durch die Kämpfe mit England, durch Mißernten und Hungersnöte sank die Einwohnerzahl der Insel Irland in den letzten hundert Jahren von 8,5 Mill. auf 4,4 Mill. Die meisten Auswanderer gingen nach den Vereinigten Staaten.

1916 gelang den Iren die Gründung eines eigenen Staates, der den größten Teil der Insel umfaßt. Die Iren nennen ihren Staat nicht „Ireland", sondern gaben ihm den keltischen Namen „Eire".

Eire hat kaum Bodenschätze. Es ist ein Bauernland. Fast drei Viertel der landwirtschaftlichen Nutzfläche sind Wiesen und Weiden, überall sieht man Rinderherden grasen. Die besondere Liebe des irischen Bauern oder Pächters aber gilt dem Pferd. Was von den landwirtschaftlichen Erzeugnissen nicht im eigenen Lande verbraucht wird, kauft Großbritannien. Aus den Molkereien kommen Butter und Käse; Schlachthäuser und Hühnerfarmen liefern „ham and eggs".

Wasserkräfte müssen dem Kohlenmangel abhelfen. Der wasserreiche *Shannon* ist durch gewaltige Bauten oberhalb von *Limerick* zu einem See aufgestaut worden.

Dublin ist geistiger Mittelpunkt und Hauptstadt des Staates. Hier laufen die Eisenbahnen und Straßen zusammen, und von hier verkehren die Fährschiffe nach England. Brauereien, Branntweinbrennereien, Nährmittelfabriken und Leinenwebereien verarbeiten Kartoffeln, Gerste, Hafer und Flachs.

Die Irische Republik ist trotz ihrer politischen Selbständigkeit mit England eng verbunden: Keine Paß- und Zollgrenze hemmt den Verkehr zwischen beiden Ländern; die Währungen beider Staaten haben den gleichen Wert.

71 Auch die Ruinen vergehen

Als Kaiser Nero in Rom die Christen verfolgte, war die Stadt schon so alt wie München heute ist. Inzwischen reicht die Geschichte der Stadt Rom mehr als zweieinhalb Jahrtausende zurück. So lange haben ihre Säulen und Ruinen gehalten. Doch in den nächsten Jahren werden, wenn nichts geschieht, die Reste der antiken Tempel, Paläste, Arenen und Bäder schneller verwittern als in tausend Jahren zuvor. Unter der Umweltbelastung verfällt das alte Rom sehr rasch.

Gefährdet sind nicht nur die antiken Gebäudereste, sondern auch Bauten und Skulpturen aus späteren Jahrhunderten. „Noch ein paar Jahre und die Figuren werden keine Gestalt mehr haben", sagen die Experten. Roms Bürgermeister Argan genießt als Kunsthistoriker Weltruf. Er klagt: „Bei uns ist alles noch viel schlimmer als in Athen, weil unsere historische Altstadt identisch ist mit dem Verkehrsmittelpunkt der Innenstadt.

Argans Diagnose: „Nach unseren bisherigen Ergebnissen sind die Autoabgase neben den Heizungsrückständen der Hauptgrund für die Krankheit unserer

Denkmäler. Chemische Konservierungsmittel nützen kaum etwas, wie man in Venedig gesehen hat."

Der Bürgermeister will nun den Einbau von Filtern an Heizungsanlagen gesetzlich erzwingen. „Aber die ganze Innenstadt für den Verkehr blockieren? Wir müssen auch an die heutigen Menschen in Rom denken." Das historische Areal Roms ist viel zu groß, um daraus die Autos verbannen zu können.

Urlaub und Verkehr 72

Während vor dem Zweiten Weltkrieg nur wenige wohlhabende Deutsche ihren Urlaub im Ausland verbrachten, sind es heute Millionen. Vor allem in den großen Schulferien fahren Millionen von Deutschen ins Ausland, die meisten mit dem Auto, viele auch mit der Eisenbahn und mit dem Flugzeug, meist im Rahmen einer sogenannten Pauschalreise[1]. Dadurch entstehen vor allem in den Sommermonaten, aber auch während der kürzeren Weihnachts-, Oster- und Pfingstferien und an manchen verlängerten Wochenenden gewaltige Verkehrsprobleme.

Auf den Autobahnen entstehen dann lange Autoschlangen, meist verursacht durch Baustellen, Unfälle, Paß- und Zollkontrollen an den Grenzen. Um hier Abhilfe zu schaffen, wurden die Zeiten der großen Ferien in den Schulen über einen längeren Zeitraum verteilt, damit nicht gleichzeitig Familien aus allen Bundesländern ihre Urlaubsreise ins Ausland, oder auch in eines der vielen deutschen Feriengebiete antreten. Dennoch kommt es vor allem in den Sommermonaten zu gewaltigen Stauungen auf den Autobahnen, bei der Durchfahrt durch Städte und an den Grenzen. Neben dem Urlaubsverkehr geht der tagtägliche Verkehr weiter. Da Deutschland durch seine Lage im Herzen Europas ein Durchgangsland ist, fahren Tausende von Lastwagen, die Güter transportieren, auf deutschen Autobahnen und Straßen. Da diese Transporte während der Ferienzeiten nicht unterbrochen werden können, erhöht sich durch die Kombination von Warentransporten, örtlichem Berufsverkehr und Urlaubsverkehr das Gesamtvolumen des Verkehrs in den Ferienzeiten erheblich. Die Autobahnen sind häufig überlastet, während die Transportkapazität der Eisenbahnen, vor allem im Güterverkehr, nicht genügend genutzt werden. Man bemüht sich deshalb, den Schienenverkehr zu verbessern, um die Straßen zu entlasten.

Da andererseits die Konzentration von Kraftfahrzeugen auf den Autobahnen vor allem an Wochenenden auftritt, bemüht man sich jetzt, die Autofahrer zu veranlassen, ihre Urlaubsreise auch während der Woche anzutreten. Deshalb wurden z. B. der Beginn der Schulferien und der Wiederbeginn des Unterrichtes bewußt in die Mitte der Woche verlegt.

---

[1] *e Pauschalreise:* die Kosten für die Reise werden als Sammelpreis bezahlt, inklusive Fahrt, Unterkunft und Verpflegung

73 Das Mittelmeer – Schauplatz der Weltgeschichte

Als die Pharaonen des Alten Reiches die ersten großen Pyramiden erbauten, segelten ihre Schiffe vom Nildelta aus nach dem Libanon, um dort das wertvolle, im holzarmen Ägypten dringend benötigte Zedernholz zu beschaffen. Etwa zur gleichen Zeit befuhren die vorgriechischen Bewohner der Kykladeninseln mit ihren seetüchtigen Ruderschiffen das Ägäische Meer und gelangten auch nach Südkleinasien. Entlang der Küsten des östlichen Mittelmeerbeckens bahnten sich Verbindungen zwischen der Inselwelt im äußersten Südosten Europas und der Flußoasenlandschaft des unteren Niltals an. Sie wurden noch intensiver, als um die Wende des 3. zum 2. vorchristlichen Jahrtausend auf Kreta die erste Hochkultur aufblühte, deren Heimat kein Gebiet auf dem Festland, sondern eine Insel war. Seither war es immer wieder das Mittelmeer, das ganz unterschiedliche Länder, Völker und Kulturen miteinander verband. Kreter und nach ihnen Griechen der Mykenezeit gelangten nach Sizilien und dem äußersten Süden des italischen Festlandes, und seit dem 12. Jahrhundert v. Chr. stießen Phöniker in den ‚fernen Westen' vor, bis zur Straße von Gibraltar und noch ein Stück darüber hinaus. Menschen wanderten aus, fuhren über See und gewannen an einer fremden Küste eine neue Heimat. So haben die Philister dem Lande Palästina den Namen gegeben, trug eine Auswanderergruppe aus dem ägäisch-westkleinasiatischen Raum entscheidend zum Aufstieg der etruskischen Kultur bei, der ältesten Hochkultur auf dem Boden Italiens. Griechische Kolonisten haben seit dem 8. Jahrhundert v. Chr. an fast allen Küsten des Mittelmeers und seiner Nebenmeere neue Städte gegründet. Schließlich wurden alle Länder rund um das Mittelmeer Glieder einer weiten Kulturwelt, deren Herzstück eben das ‚Meer der Mitte' war. Der römische Kaiser Augustus und seine Nachfolger haben dieser Mittelmeerwelt eine jahrhundertelange Friedensperiode bereitet.

Als die Antike ihr Ende gefunden hatte und die Einheit der Mittelmeerwelt wieder zerbrochen war, waren es vor allem die neuentstandenen italienischen Kaufmannsrepubliken mit ihrer Handelsschiffahrt, die neue fruchtbare Kontakte über See hinweg anknüpften. Sie wurden zu Mittlern zwischen den Ländern der Christenheit im Westen und Norden und des Islams im Süden und Osten des alten ‚Meeres der Mitte'. Wenn auch die Entdeckung neuer Seewege und ganzer bis dahin unbekannter überseeischer Kontinente um die Wende vom 15. zum 16. Jahrhundert dem Mittelmeer seine alte Rolle als Zentrum der Weltschiffahrt und des Welthandels genommen hat, so ist es doch seit dem Bau des Suez-Kanals erneut aufgewertet worden. Handelsverkehr und Kulturaustausch über das Mittelmeer hinweg sind ein Kapitel, das aus dem Buch der Weltgeschichte nicht fortzudenken ist. Aber daneben gibt es auch noch ein anderes Kapitel, und sein Inhalt ist hart und düster: gnadenloser Kampf um die Macht, Sieg und Niederlage, Triumph und Vernichtung.

Der Verfall des Absolutismus und die Entstehung des modernen Staates (von etwa 1700 bis 1800)

Der Absolutismus war für die europäische Geschichte von großer Bedeutung. Die Schaffung eines stehenden Heeres und vor allem einer zentral geleiteten Bürokratie – das waren die großen Leistungen der Herrscher jener Zeit. Dadurch haben sie ihr Land zu einem Staatsgebiet gemacht und den modernen Staat vorbereitet. Den modernen Staat zu vollenden waren sie jedoch nicht in der Lage. Unter ihrem Schutz erstarkte das Bürgertum; aber je stärker und selbstbewußter es wurde, desto unerträglicher erschienen die Mängel jenes Systems: die Unfreiheit, die Ungleichheit des Rechts und der oft despotische Mißbrauch der Macht. Eine radikale Kritik am Absolutismus war die Folge. Wirksam wurde diese Kritik zunächst nicht in Mitteleuropa, sondern in den westlichen Ländern. Dort aber führte sie zu Entscheidungen, deren Folgen schließlich die ganze Welt erfaßten.

Alle Menschen sind von Natur frei und gleich. Zur Sicherung des Friedens und der Wohlfahrt vereinigen sie sich in einem Staat und schließen mit den Regierenden einen „Vertrag", der die gegenseitigen Rechte und Pflichten genau festlegt. Weder ein göttlicher Wille noch der Wille eines absoluten Herrschers begründen also den Staat, sondern allein der Wille des souveränen Volks.

Dieses Idealbild eines Staates ist das Werk des englischen Philosophen John Locke († 1704); durch den französischen Denker Montesquieu († 1755) wurde es in ganz West- und Mitteleuropa verbreitet. Es wirkte wie eine Kriegserklärung an das „ancien régime", die veraltete Staats- und Gesellschaftsordnung.

1776 lösten sich die englischen Kolonien in Amerika vom Mutterland und gründeten einen eigenen Staatsverband, die Vereinigten Staaten von Amerika. Zum erstenmal in der Geschichte wurde der Staatsvertrag in Form eines Dokumentes niedergelegt, einer „Konstitution" oder „Verfassung".

„Alle Macht ruht im Volk."

Dies ist der oberste Grundsatz. Die Freiheit des Gewissens und der Person, die Freiheit des Eigentums und die Freiheit der Presse sind danach „Naturrechte" des Menschen, die durch keine Gewalt beschränkt werden dürfen.

Diese „Virginia Bill of Rights" von 1776 ist das Vorbild der Verfassungen aller freiheitlichen Demokratien in der ganzen Welt. Auch das „Grundgesetz der Bundesrepublik Deutschland" geht letztlich auf jenes Dokument zurück.

Mit der großen Revolution von 1789 brach der Absolutismus in Frankreich zusammen. Wie die USA erhielt auch dieses Land eine Verfassung; der Adel und die Geistlichkeit verloren ihre Privilegien; eine neue Staats- und Gesellschaftsordnung sollte geschaffen werden, die auf Freiheit und Gleichheit beruht.

75 Heinrich der Seefahrer

Am Beginn der großen portugiesischen Entdeckungsfahrten stand eine geniale Persönlichkeit, die das verhältnismäßig kleine Land einer Entwicklung zugeführt hat, auf deren Höhepunkt Lissabon zum größten Umschlagplatz Europas geworden war. Portugal, im römischen Imperium die Provinz Lusitania, während der Völkerwanderung von den germanischen Alemannen und Westgoten besetzt, seit dem achten Jahrhundert von mohammedanischen Arabern überschwemmt und bis zum zwölften Jahrhundert das Schicksal Spaniens teilend, ständig gezwungen, sich an drei Fronten zu verteidigen – seinen Landbesitz gegen die Araber, seine politische Souveränität gegen Spanien und seine Selbständigkeit gegenüber den Klerikalen –, war um 1500 zu einer Weltmacht geworden. Kaum anderthalb Jahrhunderte konnte es diese Stellung behaupten, dann war das Einmillionenvolk ausgeblutet[1], sein Tätigkeitstrieb gelähmt.

Ohne Zweifel hat der türkische Riegel[2] in Vorderasien die Portugiesen angeregt, den Seeweg nach Indien zu suchen, doch zielbewußt haben sie das erst in den letzten Jahrzehnten des fünfzehnten Jahrhunderts getan. Denn anfangs, als Heinrich der Seefahrer (1394–1460) seine Landsleute mit der See vertraut machte, war noch die Kreuzzugsidee lebendig, und die geographischen Vorstellungen von Afrika waren so dürftig, verschwommen, lückenhaft und falsch, daß kaum jemand eine mögliche Umseglung auch nur erwogen hat. (1291 waren die beiden genuesischen Brüder Vivaldi südwärts gefahren, und kein Mensch hatte jemals wieder von ihnen gehört, ebensowenig von Johannes Ferrer, der 1346 von der Insel Mallorca aus den gerüchtweise bekannten „Goldfluß" in Afrika erreichen wollte.)

Der Beiname Heinrichs des Seefahrers ist zweifellos ein Kuriosum, denn Dom Enrique „el Navegador", wie er bei den Portugiesen heißt, hat niemals an einer nautischen Expedition teilgenommen. Er war der vierte Sohn des Königs Johann (João) I., der die Hauptstadt Lissabon zurückerobert und die maurische Herrschaft endgültig abgeschüttelt hatte. 1394 in Porto geboren, verriet er schon als Einundzwanzigjähriger bei der Belagerung und Erstürmung des maurischen Seestützpunktes Ceuta eine derartige überlegene Umsicht, daß ihn sein Vater noch auf dem Schlachtfeld zum Ritter schlug[3]. 1420 wurde er Großmeister[4] des Christusordens, der, entsprechend den Auffassungen jener Zeit, als Kampfinstrument gegen die ungläubigen Araber geschaffen worden war.

In dieser Stellung hat Heinrich der Seefahrer eine glänzende politische Begabung gezeigt. Ob er schon an einen möglichen Seeweg nach Indien gedacht hat, soll dahingestellt bleiben; vielleicht hat er ihn als Fernziel im Auge gehabt. Was

---

[1] *ausgeblutet sein (fig.):* keine Kräfte mehr haben
[2] ⸀ *Riegel:* hier: ᵉBarriere: Das türkische Reich blockierte den Landweg nach Indien
[3] *zum Ritter schlagen:* im Rahmen einer Zeremonie zum Ritter machen
[4] ⸀ *Großmeister:* Führer eines Ritterordens. Die Ritterorden waren militärisch-religiöse Organisationen des Mittelalters und der frühen Neuzeit

Heinrich den Seefahrer auszeichnete, war die Einsicht, daß man Fernziele nur dann mit dauerhaftem Erfolg verwirklichen kann, wenn die Nahziele nicht übersprungen werden. Ein solches Nahziel war die Beseitigung der islamischen Herrschaft in Nordafrika und Vorderasien.

Spanien und Frankreich im 16. und 17. Jahrhundert 76

In der Zeit, in der sich Spanien ein gewaltiges Kolonialreich in der Neuen Welt schuf, die größte Flotte der Welt besaß und Spanisch zu einer Weltsprache wurde, befand es sich in steten politischen Verwicklungen mit Frankreich. Franz I. führte vier Kriege gegen Spanien. Unter Heinrich III. wurde die Liga gegründet, die mit Philipp II. paktierte. Heinrich IV. bemühte sich, die Macht von Habsburg-Spanien zurückzudrängen. 1635 trat Frankreich unter Richelieu in den Krieg gegen die Kaiserlichen[1] und Spanien ein. Französische Truppen eroberten das Roussillon[2]. Erst 1659 endete der Krieg zwischen Spanien und Frankreich mit dem Pyrenäenfrieden, der Frankreich das Roussillon (mit einigen anderen katalanischen Landschaften diesseits der Pyrenäen) einbrachte. Ferner wurde die Heirat Ludwigs XIV. mit der Infantin[3] Maria Theresia, der Tochter Philipps IV., vereinbart. Die durch diese Kriege bedingte lange Anwesenheit spanischer Truppen in Frankreich und das Eindringen französischer Armeen in spanisches Gebiet hatten, wie dies bei Kriegen häufig der Fall ist, zu einem lebhaften Verkehr zwischen beiden Völkern geführt und die Verbreitung der spanischen Sprache in Frankreich gefördert. Hatte das 16. Jahrhundert mit einer wachsenden Invasion italienischer Worte begonnen, die teilweise, wie etwa auf dem Gebiet der Musik, bis zum 18. Jahrhundert andauerte, so waren das Ende des 16. Jahrhunderts und die erste Hälfte des 17. Jahrhunderts durch die Nachahmung spanischer Mode und spanischer Sitten, sowie durch das Eindringen zahlreicher spanischer Wörter in die französische Sprache gekennzeichnet. Besonders am Hofe Heinrichs IV. huldigte man spanischer Mode, spanischem Zeremoniell und gebrauchte spanische Ausdrücke. Heinrich IV. selbst trug, wie der spanische König Philipp II., die schwarze Tracht und mußte, der Mode der Zeit folgend, auf seine alten Tage noch Spanisch lernen. Selbst der Sonnenkönig[4] übernahm Hofzeremoniell und Etikette aus Spanien.

---

[1] *die Kaiserlichen:* hier: die Truppen des deutschen Kaisers
[2] *s Roussillon:* Region nördlich der Pyrenäen, bis 1659 spanisch, seitdem französisch
[3] *e Infantin:* (männliche Form: *r Infant*) Titel der spanischen Prinzessinnen (bzw. Prinzen) (außer dem Kronprinzen)
[4] *r Sonnenkönig:* häufige Bezeichnung für Ludwig XIV. von Frankreich (1638–1715)

77 Der Wiener Kongreß und die politische Geographie Europas

Während des Wiener Kongresses wurde die völkerrechtliche und politische Basis gelegt für eine Neuordnung Europas, die ein rundes Jahrhundert lang angehalten hat. Das Vertragswerk[1] eröffnete ein Zeitalter, in dem – gemessen an vergangenen Jahrhunderten – die Kriege in Europa seltener wurden, die Bürgerkriege dagegen zunahmen und ‚die Revolution' kein Ende fand. Demnach schwankt das Urteil über diesen Kongreß je nach dem Standpunkt der Betroffenen. Immerhin darf die außenpolitische Leistung der alten Diplomatie, die sich nach den Revolutionswirren wieder einrichtete, nicht unterschätzt werden. Die einzigen Kriege, die die vertraglich geregelten Grenzen verschoben, waren die vier Einigungskriege Italiens und Deutschlands in den Jahren zwischen 1859 und 1871. Der andere internationale Krieg des Jahrhunderts, der Krimkrieg, zielte auf die Raumordnung Südosteuropas und des Ottomanischen Reiches, das vom Wiener Kongreß noch ausgeschlossen blieb. Gerade gemessen an den innenpolitischen und sozialen Unruhen, die das Jahrhundert erschütterten und denen der Kongreß nicht vorbeugen konnte, bleibt dessen außenpolitische Wirkung erstaunlich. Das neue System der Vorherrschaft der fünf Großmächte, das später noch um Italien erweitert wurde, währte bis zum Ersten Weltkrieg. Im bewußten Rückgriff auf das mechanische Instrument eines außenpolitischen Gleichgewichtes, das alle handhaben, voran Metternich, und das auch von Zar Alexander I. akzeptiert werden mußte, gelangte man zu einer relativen Ordnung, die selbst die innenpolitischen Regimewechsel und Machtverschiebungen überdauern sollte. Die gegenseitig sich bedingende Unabhängigkeit der Staaten – im Sinne des 18. Jahrhunderts –, nicht aber die Unabhängigkeit der Völker – im Sinne der Revolution – war das Grundprinzip. Mit dem Wiener Kongreß begann eine Glanzzeit der europäischen Diplomatie, in der die bürgerlichen Interessen zunehmend die aristokratischen Formen ausfüllten, ohne sie jemals im Laufe des 19. Jahrhunderts zu sprengen. Schon in Wien wurde der übertriebene Formalismus der alten Diplomatie über Bord geworfen, so wie der tanzende Kongreß[2] neue Züge des gesellschaftlichen Lebens zeigte. Gelehrte und Bürger fanden Zutritt zum höfischen Leben, das von den persönlich anwesenden Monarchen beherrscht wurde.

---

[1] *Vertragswerk:* Gesamtheit von Verträgen, Abkommen usw., die ein Ganzes bilden
[2] *der tanzende Kongreß:* Das Wort des französischen Staatsmannes Talleyrand ‚Le Congrès s'amuse', auf dem Wiener Kongreß (1814–1815) bezogen, heißt im Deutschen: *der Kongreß tanzt*, daher die Anspielung auf den tanzenden Kongreß

Die Unabhängigkeit Brasiliens 78

Brasilien erreichte auf friedlichem Weg seine Unabhängigkeit. Zunächst fehlte eine starke nationale Verwaltungs- und Handelselite in den Städten, die an der Unabhängigkeit interessiert gewesen wäre. Die Freizügigkeit im Handel mit England bestand schon im 18. Jahrhundert. Vor allem garantierte jedoch die Flucht des portugiesischen Königs nach Rio de Janeiro die politische Kontinuität und nationale Einheit Brasiliens. England, das dem portugiesischen Hof geraten hatte, sich auf diese Weise der Konfrontation mit Napoleon zu entziehen und dem König für die Überfahrt militärisches Geleit gewährt hatte, erzielte mit diesem Manöver noch großzügigere Zugeständnisse für seine wirtschaftlichen Aktivitäten in Brasilien: der Vertrag von 1810 gewährte England neue Spezialtarife, gesetzliche Immunität der englischen Staatsbürger in Brasilien und andere Vorzüge, ohne aber dabei Vorteile für die brasilianischen Exporte nach England zu gewähren. Als 1820 in Portugal die liberale Revolution ausbrach, kehrte der König nach Lissabon zurück und übertrug die Regierungsgewalt seinem Sohn Pedro. Dieser rief 1822 die Unabhängigkeit aus, um eine Unterordnung unter Lissabon und damit eine Konfrontation mit den republikanischen Kräften zu vermeiden.

Deutschland am Nullpunkt – Die Spaltung Europas 79

Das Jahr 1945 galt für viele als das Ende der Geschichte Deutschlands. Die Städte waren zerstört, die Wirtschaft vernichtet; auf der Flucht vor den Armeen der Sieger strömten Millionen heimatloser Menschen nach West- und Mitteldeutschland, begleitet von Elend, Hunger und Tod.
„Tausende – Zehntausende sterben auf den Landstraßen vor Hunger und Entkräftung, Kinder irren umher, die Eltern erschossen, gestorben."
So lautet einer der erschütternden Berichte aus jenen Tagen. *Deutschland glich einer Landschaft des Todes.*
Im Juli 1945 trafen sich die führenden Staatsmänner der Siegermächte in Potsdam bei Berlin, um über das Schicksal des geschlagenen Landes zu entscheiden. Deutschland wurde in vier Zonen geteilt, die gemeinsam verwaltet werden sollten, ebenso die Hauptstadt Berlin, die mitten in der sowjetisch besetzten Zone lag.
Stalin forderte die Annexion der deutschen Gebiete östlich der Flüsse Oder und Neiße für Polen und Rußland. Die gesamte Bevölkerung, die dort lebte, dazu alle Deutschen aus der Tschechoslowakei und dem Balkan wurden auf Stalins Befehl ausgewiesen. Trumans und Churchills Proteste blieben erfolglos. *Jene Vertreibung von mehr als elf Millionen Deutschen aus den Ostgebieten war eine der größten Menschenbewegungen der Geschichte und eine der größten Tragödien nach dem Krieg.*

Über das besiegte Land entbrannte der Streit der Sieger. Eine gemeinsame Verwaltung durch den „Kontrollrat"[1] scheiterte; jede Macht herrschte schließlich über ihre Zone allein.

„Wir haben uns nicht darüber einigen können, was Deutschland sei." Das waren die resignierenden Worte des amerikanischen Außenministers Marshall. Churchills Hoffnung auf „ein Europa", Trumans Hoffnung auf „eine Welt" erwiesen sich als Illusionen; der „Eiserne Vorhang" senkte sich über Europa und schnitt mitten durch Deutschland. Kaum ein Jahr nach Kriegsende, im März 1946, sagte Churchill in einer Rede:

„Von der Ostsee bis an die Adria hat sich ein Eiserner Vorhang über den Kontinent gesenkt . . . Dies ist nicht das befreite Europa, für dessen Aufbau wir gekämpft haben."

Der „Kalte Krieg"[2] hatte Europa gespalten. Das Werk Bismarcks[3], Deutschlands Einheit, war zerstört.

80 Die politische Einigung Europas

Seit der Entscheidung der Außenminister der Mitgliedstaaten der Europäischen Gemeinschaft über die Durchführung einer ersten Direktwahl zum Europäischen Parlament am 20. 9. 1976 hat sich die politische Landschaft Europas entscheidend verändert. Mit jenem Beschluß wurde die verhängnisvolle Barriere beseitigt, die sich zwischen der Europäischen Gemeinschaft und ihren Bürgern in all den letzten Jahren aufgebaut hatte. Die Direktwahl kann als Markstein angesehen werden zur Erreichung des Ziels eines europäischen Bundesstaates. Sie gibt zum ersten Mal dem Bürger die Möglichkeit, sich mit dem Prozeß der Einigung Europas zu identifizieren.

Eine Idee mit Geschichte

Die Idee der politischen Einheit Europas hat in Deutschland eine lange Tradition. Sie durchzieht die gesamte Kunst- und Kulturgeschichte und war immer auch ein Impuls, über eine Staats- und Gesellschaftsordnung nachzusinnen, die fähig sein sollte, unsinnige Nationalgrenzen und daraus folgende Kriege zu überwinden. In eindrucksvoller Weise hat bereits 1795 Immanuel Kant in seiner Schrift „Zum ewigen Frieden" auf den Zusammenhang zwischen Frieden und dem „Föderalismus freier Staaten" hingewiesen. In den 20er Jahren dieses Jahrhunderts befürworteten

---

[1] r *Kontrollrat:* interalliierte Behörde, der Vertreter der vier Besatzungsmächte angehörten, die aber bald wegen des beginnenden Ost-West-Konfliktes ihre Tätigkeit einstellten

[2] r *Kalte Krieg (pol.):* Bezeichnung der Zeit der gespannten Beziehungen zwischen der Sowjetunion und ihren Verbündeten einerseits und den USA und deren Verbündeten andererseits

[3] *Otto Fürst von Bismarck* (1815–1898): preußischer Staatsmann, Gründer des Deutschen Reiches (1870–71)

so bedeutende Persönlichkeiten wie Gustav Stresemann und Heinrich Brüning die europäische Einigung. Doch der Wahn des Nationalsozialismus, des Rassismus und des Antisemitismus stürzte die Völker Europas in das Chaos des Zweiten Weltkrieges. Während dieses Krieges blieb besonders im deutschen Widerstand der Gedanke an Europa wach. So heißt es beispielsweise im fünften Flugblatt der Geschwister Scholl: „Nur eine gesunde föderalistische Staatsordnung vermag heute noch das geschwächte Europa mit neuem Leben zu erfüllen [. . .] Freiheit der Rede, Freiheit des Bekenntnisses, Schutz des einzelnen Bürgers vor der Willkür verbrecherischer Gewaltstaaten, das sind die Grundlagen des neuen Europas." Die Überlegung war weit verbreitet, daß dieser Krieg zu einem engen Zusammenschluß der europäischen Völker führen muß, wenn die Opfer einen Sinn erhalten sollen. Winston Churchill griff den Gedanken auf, als er nach dem Zweiten Weltkrieg in seiner berühmten Züricher Rede vom 19. September 1946 sagte: „Wir müssen etwas wie die Vereinigten Staaten von Europa schaffen. Nur so können Hunderte von Millionen schwerarbeitender Menschen wieder die einfachen Freuden und Hoffnungen zurückgewinnen, die das Leben lebenswerter machen." Vor allem Robert Schumann, Alcide de Gasperi, Paul-Henri Spaak und Konrad Adenauer gebührt das Verdienst, die Verwirklichung des Ziels eines vereinten Europas tatkräftig in Angriff genommen zu haben. Voraussetzung dafür war jedoch, daß in der Bevölkerung die tiefe Bereitschaft vorhanden war, ein demokratisches Europa zu schaffen.

Schritte zur Verwirklichung

Die Europäische Gemeinschaft ist aus drei Gemeinschaften entstanden, nämlich
– der Gemeinschaft für Kohle und Stahl (EGKS oder Montanunion)
– der Europäischen Wirtschaftsgemeinschaft (EWG) und
– der Europäischen Atomgemeinschaft (Euratom).
Die Organe dieser drei Gemeinschaften wurden 1967 zusammengelegt. Seither heißt die Gemeinschaft offiziell „Europäische Gemeinschaft" (EG).

Die Präambeln der Verträge der drei erwähnten Gemeinschaften verdeutlichen, daß diese Organisationen nicht allein aus ökonomischen Erwägungen gegründet worden sind. Vielmehr wurde von Anbeginn angestrebt, mit der wirtschaftlichen zugleich auch die politische Union zu schaffen. Die verantwortlichen Politiker glaubten, daß sich die politische Union aus der Wirtschaftsgemeinschaft ergeben werde. Diese Erwartung hat sich nur bis zu einem gewissen Grade erfüllt. Heute verharrt die Europäische Gemeinschaft in einem zwiespältigen Zwischenzustand. Ihr wirtschaftlicher und sozialer Unterbau, der gemeinsame Markt, ist in weiten Bereichen Realität. Die politische Union stellt dagegen leider bislang nur eine Vision dar.

Normative Texte

81 Eiersalat

Eiersalat

für 4 Personen
4 Eier
1/2 Tasse süß. Rahm
4 Eßl. Öl
2 Eßl. Senf
etwas Zitronensaft
1 Prise Zucker
Salz und Pfeffer
Salatkräuter

Die Eier 15 Minuten kochen, abschrecken[1], schälen und in Scheiben schneiden. Auf einer Glasplatte hübsch anrichten. 1 Eigelb zerdrücken, mit dem Rahm, Öl und Senf, sowie den Gewürzen und gehackten Kräutern zu einer Sauce verrühren und über die Eier gießen. Mit Salatherzchen, rohen Gurken- und Tomatenscheiben garnieren. Vor dem Anrichten gut kühlstellen.

82 Magenmittel (eine Medizinbeschreibung)

Anwendung und Dosierung: Wenn vom Arzt nicht anders verordnet, dreimal täglich 1 Tablette, bei besonders heftigen Krampfschmerzen auch 2 Tabletten als Einzeldosis einnehmen. Zweckmäßigerweise vor oder zwischen den Mahlzeiten zerkaut – mit oder ohne Flüssigkeit – einnehmen. Besonders rascher Wirkungseintritt wird erreicht, wenn man die Tabletten in Flüssigkeit zergehen läßt.

---

[1] *abschrecken:* hier: schnell mit kaltem Wasser übergießen

Für Wolle und alle Feinwäsche **83**

Pflegehinweise

Waschmaschine: Nur Wollsachen mit dem Hinweis „waschmaschinenfest" im Wollwaschgang (30 Grad Celsius) Ihrer Waschmaschine waschen. Zum Vortrocknen kurz anschleudern[1].

Handwäsche: Wollsachen zügig waschen und nur leicht ausdrücken, nicht reiben oder wringen. Klarspülen und zum Vortrocknen in Tücher einrollen.

Waschen Sie weiße und hellfarbene Wollsachen getrennt von Wollsachen intensiver Farbigkeit.
Beachten Sie bitte auch die in der Wäsche angebrachten Pflegehinweise.

Hinweisschild **84**

Achtung Hausbewohner!

Nicht die Mülltonnen überfüllen!
Müllbeutel in der Tonne ausleeren!
Platz sparen!
Keine Extrabeutel mit Müll neben die Tonnen stellen!
Zusammenfegen, wenn etwas danebengefallen ist!

Der Hausmeister

---

[1] *anschleudern:* nur kurze Zeit in der Wäscheschleuder lassen

85 Hinweise für Parkplatzbenutzer

Der Einsteller[1] ist verpflichtet, Anordnungen des Parkhauspersonals bezüglich der Einstellung des Fahrzeuges Folge zu leisten und etwaige gesetzliche oder behördliche Vorschriften und polizeiliche Anordnungen zu beachten.

Auf dem Betriebsgrundstück des Parkhauses sind die allgemein gültigen Verkehrsvorschriften zu beachten. Untersagt ist – unbeschadet[2] weitergehender polizeilicher Vorschriften

1. Das Rauchen und Verwendung von Feuer.
2. Die Lagerung von Treibstoffen und feuergefährlichen Gegenständen, auch das Lagern entleerter Treibstoffbehälter.
3. Das Laufenlassen des Motors beim Tanken.
4. Das Hupen sowie jegliche Belästigung durch Rauch und Geräusch.
5. Das Laufenlassen von Motoren in geschlossenen oder nicht ausreichend entlüfteten Einstellräumen.
6. Die Einstellung des Fahrzeuges bei undichtem Tank.

Auf dem Betriebsgelände des Parkhauses darf nur im Schritttempo gefahren werden (10 km/std.).

86 Verhalten bei Brandausbruch

1. Ruhe bewahren!
2. Ohne Rücksicht auf den Umfang des Brandes und ohne den Erfolg eigener Löschversuche abzuwarten, *unverzüglich* Hausalarm geben und Feuerwehr verständigen (Melder[3] einschlagen oder Tel. 112). Ort, Art und Umfang des Brandes genau angeben. Feuerwehr erwarten und einweisen[4].
3. Für die Sicherung hausfremder[5] Personen sorgen. Feueralarm ist ein lang anhaltender Hupton!
4. Menschenrettung geht vor Brandbekämpfung! Sofort erkunden, ob Menschen in Gefahr sind. Fehlende Personen sofort der Einsatzleitung melden.
5. Personen mit brennenden Kleidern oder Haaren nicht fortlaufen lassen! In Wolldecken, Mäntel oder Tücher hüllen, auf den Boden legen, notfalls hin- und herwälzen!
6. Türen und Fenster schließen, um Zugluft und Verqualmung noch nicht betroffener Bereiche zu verhindern!

---

[1] *r Einsteller (adm.):* derjenige, der sein Auto einstellt, parkt
[2] *unbeschadet (adm.):* abgesehen von, nicht einbezogen
[3] *r Melder:* hier: Feuermelder, Kasten mit Glasscheibe vor dem Alarmknopf; den Melder einschlagen, ‚die Scheibe vor dem Alarmknopf zertrümmern‘
[4] *j-n einweisen:* hier: den Weg zum Brandherd, Brandstelle zeigen
[5] *hausfremd: j-d,* der nicht im Hause wohnt

7. Bei verqualmten Räumen gebückt oder kriechend vorgehen; in Bodennähe ist meist noch atembare Luft und bessere Sicht! Auch ein nasses Taschentuch vor Mund und Nase kann nützen.

8. Aufgeregte Personen beruhigen, unüberlegte Handlungen zu verhindern suchen!

9. Bis zum Eintreffen der Feuerwehr mit vorhandenen Mitteln den Brand bekämpfen!

10. Gefährdete Personen müssen sich der Feuerwehr bemerkbar machen und ihre Weisungen befolgen!

11. Umgehend den Hausmeister (Tel. 6611) verständigen.

12. Technische Einrichtungen werden nur durch die Haushandwerker außer Betrieb genommen.

13. Aufzüge sind keine Fluchtwege, daher nicht zu benutzen und im Gefahrenfalle außer Betrieb zu nehmen.

14. Rettungs- und Fluchtwege ausreichend beleuchten! Versperrte Ausgänge und Notausgänge aufschließen!

Sammelplatz ist das Parkdeck
Dort muß die Vollständigkeit festgestellt werden.

Wichtige Rufnummern:

Feuer	112	Notarzt	444
Rettungsdienst, Erste Hilfe . .	30100	Überfall, Verkehrsunfall	110

Verhalten nach einem Verkehrsunfall in Deutschland   **87**

Bisher bestand häufig Unklarheit darüber, was die Beteiligten nach einem Verkehrsunfall zu veranlassen haben. Die neue Straßenverkehrsordnung legt das Verhalten nunmehr eindeutig fest. Das muß geschehen:

– Anhalten und sich über die Unfallfolgen vergewissern.

– Den Verkehr sichern[1] und Hilfe für Verletzte leisten. Erforderlichenfalls zur Seite fahren (möglichst Stellung des Fahrzeuges mit Kreide anzeichnen oder fotografieren).

– Allen anwesenden Beteiligten und alsbald erreichbaren Geschädigten Namen und Anschrift angeben. Auf Verlangen Kraftfahrzeugschein und Führerschein vorzeigen.

---

[1] *sichern:* hier: durch Aufstellen *e-s* Warndreiecks den Unfall für die übrigen Autofahrer anzeigen, *evt.* Verkehr stoppen oder umleiten

– So lange warten, bis alle Beteiligten und anwesenden Geschädigten oder die Polizei die notwendigen Feststellungen über die Art der Unfallbeteiligung getroffen haben.

– Nicht sofort erreichbaren Geschädigten Namen und Anschrift am Unfallort hinterlassen.

Falls der Unfallort in erlaubter Weise verlassen wurde, um zum Beispiel Verletzten zu helfen oder die Polizei zu benachrichtigen, so ist unverzüglich an den Unfallort zurückzukehren, wenn dort noch Feststellungen über die Art der Beteiligung zu erwarten sind. Andernfalls muß der Fahrzeugführer den Beteiligten und Geschädigten oder der nächsten Polizeidienststelle Namen und Anschrift, Aufenthaltsort sowie Kennzeichen seines Kraftfahrzeuges mitteilen und dieses für eine ihm zumutbare Zeit zur Verfügung halten.

Als Beteiligte an einem Verkehrsunfall gelten alle Personen, deren Verhalten den Umständen nach zum Unfall beigetragen haben kann. Ist nur geringer Sachschaden gegeben, muß unverzüglich zur Seite gefahren werden. Die Beteiligten können sich aber nach Austausch der Personalien, Feststellung der Kennzeichen und Zeugen entfernen, ohne das Eintreffen der Polizei abzuwarten.

88 Ratschläge für Schwimmer

Nicht erhitzt ins Wasser springen! Besonders jüngere Leute wollen es nicht wahr haben, daß diese Angewohnheit sehr gefährlich ist. Durch die plötzliche Abkühlung ziehen sich die Adern der Körperoberfläche zusammen, das Blut wird nach innen gepreßt und belastet Herz und Kreislauf – auch die Lunge – unvorbereitet zu stark. Im ungünstigsten Falle kann es dabei zu Herzstillstand oder Atemlähmung kommen.

Nicht mit vollem Magen in kaltem Wasser schwimmen. Nach einer üppigen Mahlzeit sollte man etwa zwei Stunden abwarten.

Nie in unbekanntes Wasser springen. Ein Kopfsprung auf einen Felsen oder einen Stein hat schon manches Opfer gefordert.

Wer im Meer oder in einem See weit hinausschwimmen möchte, der sollte es nie alleine tun. Auch ist zu bedenken, daß der „Rückweg" meist beschwerlicher ist.

Niemals dort baden, wo es verboten ist. Diese Stellen sind gefährlich. Es ist falsch anzunehmen, daß es sich nur um Schikane des Anliegers[1] oder Besitzers handelt.

Wer nicht schwimmen kann, sollte nur in bewachten Badeanstalten oder an der See an bewachten Stellen baden.

---

[1] *r Anlieger:* hier: Nachbar

Parteiprogramm (Auszug)   **89**

Die Mitwirkung der Eltern in der Schulerziehung und eine Mitverwaltung[1] der Schüler sollen an allen Schulen ausgebaut werden. Organisation des Schulwesens und Lehrpläne müssen so gestaltet werden, daß sich alle Begabungen auf allen Stufen der Entwicklung entfalten können. Jedem Befähigten muß der Weg in weiterführende Schulen und Ausbildungsstätten jederzeit offenstehen. Der Besuch aller öffentlichen Schulen und Hochschulen muß kostenlos sein. Lehr- und Lernmittel sollen an diesen Schulen und Hochschulen unentgeltlich zur Verfügung stehen.

Die allgemeine Schulpflicht ist auf zehn Jahre auszudehnen. Die Berufsschulen[2] haben nicht nur der fachlichen, sondern auch der allgemeinen und staatsbürgerlichen Bildung und Erziehung zu dienen.

Neue Wege zur Hochschule müssen eröffnet werden. Da der Bildungsweg über Grundschule und Oberschule nicht alle Begabungen erschließen kann, müssen durch den Zweiten Bildungsweg über Berufsarbeit, Berufsschulen und besondere Bildungseinrichtungen neue Möglichkeiten geschaffen werden, zur Hochschulreife zu gelangen.

Alle Lehrer sollen an wissenschaftlichen Hochschulen ausgebildet werden. Ein gutes Schulwesen verlangt Erzieherpersönlichkeiten, die sich selbständig mit allen Problemen der Zeit auseinandersetzen.

(Godesberger Programm der SPD[3])

Abstimmungsverfahren   **90**

Die Satzung oder Geschäftsordnung der jeweiligen Organisation oder Konferenz schreibt vor, welche Mehrheit für die Abstimmung erforderlich ist. In den meisten Fällen hat sich die Regel der Einstimmigkeit als ein großes Hindernis bei internationalen Konferenzen erwiesen. Die Einführung der Zweidrittelmehrheit bei gewissen internationalen Organisationen hat die Herbeiführung von Entscheidungen wesentlich erleichtert.

Verschiedene Abstimmungsmethoden können bei einer Konferenz nach der Bedeutung des Abstimmungsgegenstandes zur Anwendung kommen.

1. Die Abstimmung durch Handzeichen (Erheben der Hände) ist die üblichste Form. Der Präsident fordert die Delegierten, die für einen Antrag usw. stimmen,

---

[1] *Schülermitverwaltung:* Beteiligung der Schüler an organisatorischen und technischen Entscheidungen
[2] *Berufsschule:* dreijährige Pflichtschule nach dem Hauptschulabschluß, wenn keine andere Schule wie Gymnasium oder Realschule besucht wird
[3] *Godesberger Programm:* 1959 beschlossenes Programm der Sozialdemokratischen Partei Deutschlands, das den Übergang von der Klassen- zur Volkspartei einleitete

auf, die Hand zu erheben. Anschließend macht er die Gegenprobe, indem er die Delegierten, die gegen den Antrag stimmen, bittet, ihrerseits die Hand zu erheben.

2. Die Abstimmung durch Aufstehen und Sitzenbleiben wird meist dann vorgenommen, wenn das Ergebnis der Abstimmung durch Handzeichen zweifelhaft ist.

3. Die Abstimmung durch Namensaufruf bietet eine noch größere Gewähr für die Genauigkeit der Stimmzählung. Sie kann beantragt werden, wenn die Abstimmung nach den beiden genannten Verfahren vorgenommen wurde und das Ergebnis zweifelhaft ist. Die namentliche Abstimmung erfolgt in alphabetischer Reihenfolge. Die Delegierten stimmen mit „Ja", „Nein" oder „Stimmenthaltung".

4. Die geheime Abstimmung wird vor allem bei der Wahl von Personen durchgeführt. Die Delegierten stecken den von ihnen ausgefüllten Stimmzettel in eine Wahlurne, die herumgereicht wird. Die Stimmzählung erfolgt durch Stimmzähler, die häufig durch das Los bestimmt werden.

91 Grundgesetz[1] der Bundesrepublik Deutschland

(Auszüge)

I. Die Grundrechte
Art. 1.
(1) Die Würde des Menschen ist unantastbar. Sie zu achten und zu schützen, ist Verpflichtung aller staatlichen Gewalt.
(2) Das Deutsche Volk bekennt sich darum zu unverletzlichen und unveräußerlichen[2] Menschenrechten als Grundlage jeder menschlichen Gemeinschaft, des Friedens und der Gerechtigkeit in der Welt.

Art. 2.
(1) Jeder hat das Recht auf die freie Entfaltung seiner Persönlichkeit, soweit er nicht die Rechte anderer verletzt und nicht gegen die verfassungsmäßige Ordnung oder das Sittengesetz verstößt.
(2) Jeder hat das Recht auf Leben und körperliche Unversehrtheit. Die Freiheit der Person ist unverletzlich. In diese Rechte darf nur auf Grund eines Gesetzes eingegriffen werden.

---

[1] Das Grundgesetz der Bundesrepublik Deutschland ist die Verfassung, die 1949 in Kraft trat und seitdem eine Reihe von Veränderungen erfahren hat. Nachstehend bringen wir einige Auszüge.
[2] *unveräußerlich:* was nicht weggegeben (verkauft, verschenkt usw.) werden kann

Art. 3.

(1) Alle Menschen sind vor dem Gesetz gleich.

(2) Männer und Frauen sind gleichberechtigt.

(3) Niemand darf wegen seines Geschlechtes, seiner Abstammung, seiner Rasse, seiner Sprache, seiner Heimat und Herkunft, seines Glaubens, seiner religiösen oder politischen Anschauungen benachteiligt oder bevorzugt werden.

Art. 4.

(1) Die Freiheit des Glaubens, des Gewissens und die Freiheit des religiösen und weltanschaulichen Bekenntnisses sind unverletzlich.

(2) Die ungestörte Religionsausübung wird gewährleistet.

(3) Niemand darf gegen sein Gewissen zum Kriegsdienst mit der Waffe gezwungen werden. Das Nähere regelt ein Bundesgesetz.

Art. 5.

(1) Jeder hat das Recht, seine Meinung in Wort, Schrift und Bild frei zu äußern und zu verbreiten und sich aus allgemein zugänglichen Quellen ungehindert zu unterrichten. Die Pressefreiheit und die Freiheit der Berichterstattung durch Rundfunk und Film werden gewährleistet. Eine Zensur findet nicht statt.

(2) Diese Rechte finden ihre Schranken in den Vorschriften der allgemeinen Gesetze, den gesetzlichen Bestimmungen zum Schutze der Jugend und in dem Recht der persönlichen Ehre.

(3) Kunst und Wissenschaft, Forschung und Lehre sind frei. Die Freiheit der Lehre entbindet nicht von der Treue zur Verfassung.

Art. 6.

(1) Ehe und Familie stehen unter dem besonderen Schutze der staatlichen Ordnung.

(2) Pflege und Erziehung der Kinder sind das natürliche Recht der Eltern und die zuvörderst[1] ihnen obliegende Pflicht. Über ihre Betätigung wacht die staatliche Gemeinschaft.

(3) Gegen den Willen der Erziehungsberechtigten dürfen Kinder nur auf Grund eines Gesetzes von der Familie getrennt werden, wenn die Erziehungsberechtigten versagen oder wenn die Kinder aus anderen Gründen zu verwahrlosen drohen.

(4) Jede Mutter hat Anspruch auf den Schutz und die Fürsorge der Gemeinschaft. [. . .]

Art. 8.

(1) Alle Deutschen haben das Recht, sich ohne Anmeldung oder Erlaubnis friedlich und ohne Waffen zu versammeln.

(2) Für Versammlungen unter freiem Himmel kann dieses Recht durch Gesetz oder auf Grund eines Gesetzes beschränkt werden.

---

[1] *zuvörderst (gehobener Stil, heute seltener):* in erster Linie, vor allem anderen

Art. 9.

(1) Alle Deutschen haben das Recht, Vereine und Gesellschaften zu bilden.

(2) Vereinigungen, deren Zwecke oder deren Tätigkeit den Strafgesetzen zuwiderlaufen oder die sich gegen die verfassungsmäßige Ordnung oder gegen den Gedanken der Völkerverständigung richten, sind verboten. [. . .]

Art. 10.

(1) Das Briefgeheimnis sowie das Post- und Fernmeldegeheimnis sind unverletzlich.

(2) Beschränkungen dürfen nur auf Grund eines Gesetzes angeordnet werden. Dient die Beschränkung dem Schutze der freiheitlichen demokratischen Grundordnung oder des Bestandes oder der Sicherung des Bundes oder eines Landes, so kann das Gesetz bestimmen, daß sie dem Betroffenen nicht mitgeteilt wird und daß an die Stelle des Rechtsweges die Nachprüfung durch von der Volksvertretung bestellte Organe und Hilfsorgane tritt.

Art. 11.

(1) Alle Deutschen genießen Freizügigkeit[1] im ganzen Bundesgebiet.

(2) Dieses Recht darf nur durch Gesetz oder auf Grund eines Gesetzes und nur für die Fälle eingeschränkt werden, in denen eine ausreichende Lebensgrundlage nicht vorhanden ist und der Allgemeinheit daraus besondere Lasten entstehen würden oder in denen es zur Abwehr einer drohenden Gefahr für den Bestand oder die freiheitliche demokratische Grundordnung des Bundes oder eines Landes, zur Bekämpfung von Seuchengefahr, Naturkatastrophen oder besonders schweren Unglücksfällen, zum Schutze der Jugend zur Verwahrlosung oder um strafbaren Handlungen vorzubeugen, erforderlich ist.

Art. 12.

(1) Alle Deutschen haben das Recht, Beruf, Arbeitsplatz und Ausbildungsstätte frei zu wählen. Die Berufsausübung kann durch Gesetz oder auf Grund eines Gesetzes geregelt werden.

(2) Niemand darf zu einer bestimmten Arbeit gezwungen werden, außer im Rahmen einer herkömmlichen allgemeinen, für alle gleichen öffentlichen Dienstleistungspflicht.

(3) Zwangsarbeit ist nur bei einer gerichtlich angeordneten Freiheitsentziehung[2] zulässig. [. . .]

Art. 13.

(1) Die Wohnung ist unverletzlich.

(2) Durchsuchungen dürfen nur durch den Richter, bei Gefahr im Verzuge[3] auch durch die in den Gesetzen vorgesehenen anderen Organe angeordnet und nur in der dort vorgeschriebenen Form durchgeführt werden. [. . .]

---

[1] *ᵉ Freizügigkeit:* die Freiheit, sich innerhalb eines Staatsgebietes ohne Einschränkung zu bewegen, seinen Wohnsitz selbst zu bestimmen und nach eigenem Willen zu wechseln

[2] *ᵉ Freiheitsentziehung:* Verlust der Freiheit durch Gefängnis usw.

[3] *Gefahr im Verzug (jur.):* unmittelbare Gefahr

Immunitätsangelegenheiten **92**

Artikel 46 GG[1]

(1) Ein Abgeordneter darf zu keiner Zeit wegen seiner Abstimmung oder wegen seiner Äußerung, die er im Bundestage oder in einem seiner Ausschüsse[2] getan hat, gerichtlich oder dienstlich verfolgt oder sonst außerhalb des Bundestages zur Verantwortung gezogen werden. Dies gilt nicht für verleumderische Beleidigungen.

(2) Wegen einer mit Strafe bedrohten Handlung darf ein Abgeordneter nur mit Genehmigung des Bundestages zur Verantwortung gezogen oder verhaftet werden, es sei denn, daß er bei Begehung der Tat oder im Laufe des folgenden Tages festgenommen wird.

(3) Die Genehmigung des Bundestages ist ferner bei jeder anderen Beschränkung der persönlichen Freiheit eines Abgeordneten oder zur Einleitung eines Verfahrens gegen einen Abgeordneten gemäß Artikel 18 erforderlich.

(4) Jedes Strafverfahren und jedes Verfahren gemäß Artikel 18 gegen einen Abgeordneten, jede Haft und jede sonstige Beschränkung seiner persönlichen Freiheit sind auf Verlangen des Bundestages auszusetzen[3].

Zeugnis **93**

```
                    Z E U G N I S

        Fräulein Anneliese Angermann, geboren am 1.4.1948
        in Altendorf, war vom 1. Mai 1980 bis heute in
        unserem Geschäft zunächst als Büroangestellte und
        seit dem 1. Januar 1981 als Buchhalterin tätig.
        Sie wurde im Laufe ihres Dienstverhältnisses mit
        allen in dem Geschäftszweig der Firma Beyer vor-
        kommenden Angelegenheiten vertraut und hat die
        ihr übertragenen Arbeiten in umsichtiger, genauer
        und selbständiger Weise erledigt. Sie legte be-
        sonderen Fleiß an den Tag und war geschickt im
        Verkehr mit den Kunden. Sie rechtfertigte in je-
        der Hinsicht das in sie gesetzte Vertrauen.
        Sie scheidet auf eigenen Wunsch aus, um zu heira-
        ten.


        Neustadt, den 10. Mai 1982        (Unterschrift)
```

---

[1] *GG (Abk.):* Grundgesetz
[2] *ʳ Ausschuß:* Kommission
[3] *aussetzen (adm.):* vorübergehend nicht weiterverfolgen, bis auf weiteres unterbrechen

94 Polizeiliches Führungszeugnis[1]

Zur Beachtung!

In den Führungszeugnissen werden lediglich Strafen und Entscheidungen und auch diese nur in einem durch Gesetz und Verwaltungsvorschriften bestimmten Umfang vermerkt. Führungszeugnisse geben kein Urteil über den Leumund oder über das Allgemeinverhalten des Inhabers.

Führungszeugnis

Herrn – Frau – Fräulein ....
(Vor- und Familienname, bei Frauen auch Geburtsname)

gemeldet[2] in ....
(Wohnort, Kreis[3], Straße und Hausnummer)

geboren am .... in .... Kreis ....

wird zum Zwecke der Vorlage bei ....

....

bescheinigt:

Die Listen der unterzeichneten Behörde enthalten keine Strafen:
folgende Vermerke:

....
(Ort, Datum, Behörde, Unterschrift, Dienstsiegel[4])

---

[1] *Führungszeugnis:* polizeiliche Bestätigung über vorliegende Strafen oder Nichtvorhandensein von Strafen
[2] *sich melden bei (adm.):* bei der Polizei als in einer Gemeinde wohnhaft registrieren lassen
[3] *Kreis:* Verwaltungsbezirk
[4] *Dienstsiegel:* amtlicher Stempel einer Behörde

Arbeitsvertrag[1]

ARBEITSVERTRAG

Zwischen Herrn Dr. med. Josef Ohlmüller, Lange Gasse 19, und
Fräulein Therese Rohrmoser, Bahnhofstr. 117, Neu-Ulm, wegen
Minderjährigkeit vertreten durch ihren Vater, Herrn August
Rohrmoser, Bahnhofstr. 117, Neu-Ulm,
wird folgendes vereinbart:

1. Frl. Rohrmoser arbeitet ab 15. September 19.. als Haus-
   haltshilfe im Haushalt von Dr. Ohlmüller und zwar zunächst
   probeweise bis 30. September 19..

2. Wenn nach Ablauf der Probezeit keiner der beiden Teile
   eine Beendigung des Arbeitsverhältnisses wünscht, wird
   Frl. Rohrmoser weiterhin im Haushalt von Dr. Ohlmüller
   tätig sein und zwar insgesamt 40 Stunden. Die Einteilung
   der Arbeitszeit wird unter Berücksichtigung der Bedürfnisse
   des Haushaltes und der Wünsche von Frl. Rohrmoser im gemein-
   samen Einvernehmen festgelegt. Grundsätzlich ist jedoch
   Frl. Rohrmoser bereit, an zwei Samstagen im Monat jeweils
   vormittags von 8-12 zu arbeiten.

3. Frl. Rohrmoser erhält im Haushalt von Dr. Ohlmüller volle
   freie Station[2].

4. Frl. Rohrmoser erhält einen monatlichen Bruttolohn von
   DM 1.500.-. Die hierfür anfallende Lohnsteuer und der Arbeitnehmeranteil der Sozialversicherung[3] gehen zu Lasten[4] von
   Frl. Rohrmoser, der Arbeitgeberanteil der Sozialversicherung wird von Dr. Ohlmüller getragen.

5. Für die Gewährung von Urlaub und für die Kündigung des
   Arbeitsverhältnisses gelten die gesetzlichen Bestimmungen.

Ulm, den 10. Sept. 19..

Dr. Josef Ohlmüller   Frl. Therese Rohrmoser

                                    als gesetzlicher Vertreter
                                    von Frl. Rohrmoser:

                                    August Rohrmoser

---

[1] r *Arbeitsvertrag:* Vertrag, der die Rechte und Pflichten zwischen einem Arbeitgeber und einem
  Arbeitnehmer regelt
[2] e *freie Station:* Unterkunft und Verpflegung, Wohnen und Essen
[3] e *Sozialversicherung:* in der Bundesrepublik obligatorische Versicherung aller Arbeiter und Angestellter
  gegen Krankheit, Invalidität, Arbeitslosigkeit sowie Altersversicherung. Der Beitrag zur Sozialversicherung wird normalerweise zur Hälfte vom Arbeitgeber (Arbeitgeberanteil), zur Hälfte vom Arbeitnehmer
  (Arbeitnehmeranteil) bezahlt
[4] *zu Lasten von j-m gehen:* von j-m bezahlt werden müssen

96 Bescheinigung über die Eheschließung
(DA § 196)

Bescheinigung über die Eheschließung
(DA § 196)

(Standesamt[1]) Augsburg –/–   Nr. 1499

Dr. med. Hans Binswanger, –/–

evangelisch, –/–

geboren am 17. April 1939 –/–

in München –/–

(Standesamt) III München –/–

Nr. 1467 –/–

wohnhaft in Augsburg –/–

, und

Ilse Birnbaum, –/–

katholisch, –/–

geboren am 15. Mai 1942 –/–

(Standesamt) Augsburg –/–

Nr. 82 –/–

wohnhaft Augsburg –/–

haben am 27. November 1979   vor dem Standesbeamten des

Standesamts Augsburg –/–

die Ehe geschlossen.

Augsburg , den 28. November 1979

Der Standesbeamte

(Siegel)

Gebührenfrei

(Bisherige Wohnung des Ehemannes)

(Bisherige Wohnung der Ehefrau)

---

[1] *Standesamt:* Behörde, die das Personenstandsregister führt, d. h. Geburten, Eheschließungen und Todesfälle registriert

Vaterschaftsanerkenntnis[1]

VATERSCHAFTSANERKENNTNIS

Verhandelt bei dem Stadtjugendamt[2] in Neustadt
Am 15.6.1981

1. Das unterfertigte[3] Mitglied des Stadtjugendamts Neustadt
ist durch Verfügung[4] des Landesjugendamts vom 17.8.1981 er-
mächtigt, Beurkundungen[5] gemäß § 1718 BGB vorzunehmen.
Der Kaufmann Arthur Bürger, Neustadt, Seestraße 17, er-
kärte:
Ich erkenne an, der Vater des von Frau Alice Müller am
15.2.1981 unehelich geborenen Kindes Berta Müller zu sein.

2. Ferner erkenne ich an, dem Kind kraft Gesetzes zur Unter-
haltsgewährung verpflichtet zu sein. Demgemäß verpflichte
ich mich, dem Kinde vom 15.6.1981 bis auf weiteres eine
monatliche Rente von 200 DM, in Worten zweihundert Deutsche
Mark, zahlbar im voraus bis zum 1. Werktag eines jeden
Monats, zu entrichten.
Wegen dieser Verpflichtung unterwerfe ich mich der soforti-
gen Zwangsvollstreckung[6] in mein gesamtes Vermögen aus dieser Urkunde.

(Unterschriften)

---

1 *e Vaterschaftsanerkenntnis (jur.):* Anerkennung, daß ein Mann der Vater eines bestimmten Kindes ist
2 *s Jugendamt:* Behörde für die öffentliche Jugendhilfe, z. B. Schutz und Aufsicht über Pflegekinder, Jugendheime usw.
3 *unterfertigt (jur., adm.):* wer etw. unterschrieben hat
4 *e Verfügung:* Entscheidung *e-r* Behörde, z. B. *e-s* Gerichts
5 *e Beurkundung:* amtliche Feststellung durch einen Richter oder Notar, daß eine Urkunde (Dokument) echt oder ihrem Inhalt nach richtig ist
6 *e Zwangsvollstreckung (jur.):* durch ein Gericht angeordnete und im Bedarfsfalle erzwungene Vollziehung eines Beschlusses, Urteils usw.; hier ist gemeint, daß der Vater mit seinem Vermögen, also seinem gesamten Eigentum, haftet, das sonst gepfändet, d. h. vom Gericht beschlagnahmt werden kann

98 Mietvertrag

MIETVERTRAG

Zwischen den Eheleuten Anton Bauer und Erika, geborene Simon, in Neustadt, Bahnstraße 21, als Vermieter, und Herrn Karl Josias Draecker, Altendorf, Seestraße 11, als Mieter, wird hiermit folgender Mietvertrag geschlossen:

§ 1. Vermietet werden im Hause Neustadt, Bahnstraße 21 folgende Räume: Die Wohnung im II. Geschoß, bestehend aus 5 Zimmern, 1 Küche, 1 Diele, 1 Bad, 1 Mansarde und 29 qm Garten, zur Benutzung als Wohnung sowie die im Erdgeschoß befindlichen 2 Ladenräume als Geschäftsräume zum Betriebe eines Lebensmittelgeschäftes.

§ 2. Das Mietverhältnis beginnt am 1. August 1981 und läuft auf unbestimmte Zeit. Es kann von jedem Teil mit einer Kündigungsfrist von drei Monaten zum jeweiligen Quartalsende durch eingeschriebenen Brief gekündigt werden.

§ 3. Die Miete beträgt monatlich 1280.- DM, davon für die Wohnräume 800.- DM und für die Geschäftsräume 400.- DM, vorbehaltlich[1] einer gesetzlich zugelassenen Mieterhöhung, die in diesem Falle zu der vereinbarten Miete hinzutritt.

§ 4. Die vermieteten Räume sind dem Vermieter im vorhandenen Zustand, der dem Mieter bekannt ist, übergeben. Die Kosten für die Schönheitsreparaturen trägt der Mieter.

§ 5. Die Mieträume sind bei Beendigung der Mietzeit in vertragsgemäßem Zustand und mit sämtlichen Schlüsseln zurückzugeben.

§ 6. Erfüllungsort[2] und Gerichtsstand[3] für alle sich aus diesem Vertrag ergebenden Verpflichtungen ist Neustadt.

(Unterschrift des Vermieters)   (Unterschrift des Mieters)

---

[1] *vorbehaltlich:* unter der Voraussetzung
[2] *r Erfüllungsort (jur.):* Ort, an dem eine Leistung (meist durch Vertrag) zu erfolgen hat
[3] *r Gerichtsstand (jur.):* im Falle eines Streites zuständiges Gericht

Zeugenvernehmungsprotokoll

ZEUGENVERNEHMUNGSPROTOKOLL

Öffentliche Sitzung des Amtsgerichts   Neudorf, 30. 5. 1982
Gegenwärtig:
Amtsgerichtsrat Dr. Schule
als Richter
Justizsekretär Mehlmann
als Urkundsbeamter der
Geschäftsstelle

                    In dem Rechtsstreit
                    Blau ./. Rothe
                    erschienen bei Aufruf:[1]

I. Seitens der Parteien:
   1. für den Kläger der Rechtsanwalt Dr. Weise,
   2. der Beklagte in Person und
      Rechtsanwalt Schumann

II. Nachbenannte[2] Zeugen und der Sachverständige Hasselblatt.
Die Zeugen und der Sachverständige wurden zur Wahrheit ermahnt
sowie auf die Möglichkeit der Beeidigung, auf die Strafbarkeit
einer uneidlichen, vorsätzlich falschen Aussage und auf die Bedeutung des Eides hingewiesen. Sie wurden darauf, und zwar die
Zeugen einzeln und in Abwesenheit der später zu vernehmenden
Zeugen, wie folgt vernommen:

1. Zeuge Martini
Ich heiße Paul Martini, bin 32 Jahre alt, Geschäftsführer in
Neudorf, mit den Parteien nicht verwandt und nicht verschwägert.
Zur Sache:
Ich bin Geschäftsführer bei der Beklagten und war zugegen, als
die strittige[3] Schreibmaschine im Januar 1982 ausgepackt wurde.
Äußerlich machte die Schreibmaschine einen einwandfreien Eindruck. Erst mehrere Tage später wurde die Schreibmaschine von
einem Kunden der Beklagten besichtigt. Dabei stellte sich heraus, daß die Typenhebel zum Teil so klemmten, daß die Maschine
nicht gebrauchsfähig war. In meiner Gegenwart hat der Inhaber
der Beklagten noch am gleichen Tag den Kläger telefonisch von
den Mängeln unterrichtet und ihm erklärt, daß die Beklagte die
Schreibmaschine zur Verfügung stelle.
Auf Vorhalt[4] des Anwalts der Beklagten: Es ist nicht richtig, daß
die Schreibmaschine während des Auspackens im Geschäft der Beklagten auf den Boden gefallen ist. Mir wäre dies bestimmt aufgefallen,
da ich die ganze Zeit anwesend war.
Vorgelesen, genehmigt und unterschrieben.

                                                    - 2 -

---

[1] *bei Aufruf:* wenn jd. aufgerufen, d. h. hier in den Gerichtssaal gerufen wird
[2] *nachbenannt (adm.):* weiter unten im Text genannt
[3] *strittig:* was Gegenstand des Prozesses ist
[4] *r Vorhalt (jur.):* kritischer Einwand oder Hinweis eines Richters, Rechtsanwaltes usw.

2. Zeuge Schneider
Ich heiße Erich Schneider, bin 17 Jahre alt, Handlungsgehilfe
in Neudorf.
Zur Sache:
Ich habe die Kiste mit der Schreibmaschine etwa Mitte Januar
von der Post abgeholt. Bei dem Auspacken der Schreibmaschine
war ich nicht dabei.
Auf Vorhalt: Ich kann mich nicht entsinnen, daß die Schreibmaschine auf den Boden gefallen sei. Weitere Angaben zur Sache
kann ich nicht machen.

3. Sachverständiger Hasselblatt
Ich heiße Erich Hasselblatt, 60 Jahre alt, Maschineningenieur
in Neudorf.
Der Sachverständige überreicht ein schriftliches Gutachten
vom 17.4.1982, das von ihm vorgelesen wurde. Er erklärt darauf,
"dieses Gutachten ist richtig. Ich mache es zum Gegenstand
meiner Vernehmung".
Vorgelesen, genehmigt und unterschrieben.

Quellenverzeichnis

Wenn nicht anders vermerkt, stammen die Texte von den Herausgebern dieser Textsammlung.

S. 10: „Die gläsernen Ringe" – Das Wunschbild, S. Fischer Verlag, Berlin 1941, S. 106–108

S. 11: Dicke Lilli – gutes Kind, Knauer Taschenbuch 476, 1977, S. 16, leicht gekürzt

S. 12: Text 3: Die Entstehung eines künstlerischen Talents, aus: Gespräche mit Goethe, Einleitung, F. A. Brockhaus, Wiesbaden 1975, S. 13–14

S. 12: Text 4: Sämtliche Werke in 2 Bänden. Winkler Verlag München 1951, Bd. 1, S. 577–578, „Der Amtschirurgus.-Heimkehr".

S. 13: aus: Sämtliche Werke, Bd. 1, 1962, S. 678, Suhrkamp Verlag, Frankfurt, leicht geändert

S. 14: aus: Meine ungeschriebenen Memoiren, 1976, S. 18–19, S. Fischer Verlag

S. 15: Text 7: aus: Abschied von den Eltern, Suhrkamp, Frankfurt a. M., 1964, S. 66–67

Text 8: Dichtungen und Schriften, Gesamtausgabe, hrsg. von Karl Ludwig Schneider, Bd. III, Tagebücher, Träume, Briefe, Verlag Heinrich Ellermann, 1960, S. 157

S. 16: Text 9: Unter dem Schatten Deiner Flügel, Tagebücher der Jahre 1932–1942, 1956, S. 151, Deutsche Verlags-Anstalt, Stuttgart

Text 10: Heinrich Penckmann: Freizeitprotokoll, in: Werkkreis Literatur der Arbeitswelt, Stories für uns, Frankfurt a. M., 1973, S. 76–77, leicht verändert und gekürzt

S. 17: Aus: Annales du baccalauréat allemand 1977–78, Vuibert, Paris, S. 79/80 (a.a.O. als Quelle angegeben: Zeitschrift „Quick" vom 8. 1. 76)

S. 18: Erinnerungen 1953–1955, 1966, S. 496–497, Deutsche Verlags-Anstalt, Stuttgart, 1966, S. 496–497

S. 19: Lebenserinnerungen eines Botschafters, 1967, S. 43, Kiepenheuer & Witsch Verlag, 1967

S. 20: Text 15: Bulletin der Bundesregierung, Nr. 20, 1977, S. 188, leicht verändert

S. 24: Text 19: Neue Presse, Augsburg vom 26. 10. 78

Text 20: Süddeutsche Zeitung v. 30. 1. 1979, S. 32 („Hindernislauf zum Lottogewinn")

S. 25: Text 21: aus: Nürnberger Nachrichten v. 17. 1. 72, gekürzt

Text 22: Süddeutsche Zeitung v. 27. 1. 1979, gekürzt und leicht geändert

S. 26: Test, Nr. 3/1978, S. 19 (Test = Zeitschrift der Stiftung Warentest)

S. 28: Text 24: Rewe post, Verbraucherzeitschrift der Rewe-Gruppe, 12. 2. 77, S. 1, leicht verändert

S. 28: Text 25: Fernsehwoche Nr. 9/1978 vom 4. 3.–10. 3. 78, S. 8

S. 29: Text 26: Apothekenumschau Nr. 9/1972, S. 67

Text 27: Blickpunkt, Zeitung der Dt. Bundesbahn, Febr. 1978, S. 11

S. 30: Text 28: Fernsehwoche Nr. 17/1978, Seite 21

Text 29: Euroforum, Nr. 1/1979, S. 9, leicht gekürzt

S. 31: Text 30: BHW „Wohnen im eigenen Heim", 1977, 4, S. 21

S. 31: Text 31: Junior, Kundenzeitschrift, Jan. 1979, S. 22–23, leicht gekürzt

S. 32: aus: Annales du baccalauréat allemand, 1977–78, Vuibert, Paris, S. 72–73

S. 33: H. F. V. Berg: Töten die Wohnsilos die Menscheit, in: Neue Apotheken-Illustrierte, Jan. 1977, 1, S. 14, gekürzt

S. 35: Neue Apotheken-Illustrierte, Dez. 1970, gekürzt und geringfügig geändert

S. 36: Auszug aus dem Artikel: In den Fesseln der Gewalt, 27./28. 1. 79, Seite 1, Augsburger Allgemeine (Beilage)

S. 37: aus: Die acht Todsünden der zivilisierten Menscheit, Piper, München, 1973, S. 33–44

S. 38: Heinrich Böll in: S. Dinter/P. Ilgenfritz: Deutsche Reden und die Technik ihrer Übersetzung, Hueber-Verlag München, o. J., S. 21

S. 39: Walter Scheel in: Sachverhalte (Hrsg. Infozentrale d. Elektrizitätswirtschaft) Nr. 5/Jhg. 5/Mai 1979, S. 4

S. 40: Manfred Lämmer in: „zur debatte" Nr. 6/1976, S. 14, leicht gekürzt

S. 41: Suhrkamp Informationen 1973/1, S. 60–61

S. 44: W. Schmalz: Warum sich die Menschen grüßen, in: Ratgeber aus der Apotheke, 53, Febr. 1977, S. 51, gekürzt

S. 45: F. Kutscher, in: Neue Apotheken-Illustrierte, Nov. 1976, Nr. 11, S. 20–21, gekürzt

S. 47: Drogerie-Magazin der Hausfrau, Nov. 1976, S. 4

S. 49: B. Windler: Berufstätige Mütter, in: Neue Apotheken-Illustrierte, Nov. 1976, Nr. 11, S. 25

S. 50: aus: Annales du baccalauréat allemand, 1978, Vuibert, Paris, S. 22–23 (a.a.O. wird als Primärquelle angegeben: Hans Georg Behr im „Zeit"-Magazin)

S. 51: aus: „schule & wir" 1978/1 S. 24, Bayer. Staatsminist. f. Unterricht und Kultus, leicht gekürzt

S. 52: aus: Annales du baccalauréat allemand, 1978, Vuibert, Paris, S. 76–77 (a.a.O. wird als Primärquelle angegeben: Zeitschrift „Brigitte")

S. 53: Elisabeth von der Leith „zur debatte" Nr. 6/1977, S. 20, gekürzt

S. 54: Text 54: Rewe-Post, Verbraucherzeitschrift der Rewe-Gruppe, 4. 2. 76, S. 7

Text 55: Hermann Glaser: Kleine Kulturgeschichte der Gegenwart, Ullstein Verlag, 1959, S. 14–15

S. 55: Esso Tankpost 1/2, 1972, gekürzt

S. 56: aus: Prosa, Späte Briefe (c) Rowohlt Verlag GmbH, Hamburg, 1957, gekürzt

S. 57: aus; Annales du baccalauréat allemand, 1978, Vuibert, Paris, S. 4–5 (a.a.O. wird als Primärquelle genannt: Ulrich Schmidt „Die Zeit", 12. 3. 1976)

S. 58: Text 59: aus: Lufthansa, Bordbuch/Logbook, März/April '81, S. 2, hrsg. v. Deutsche Lufthansa Aktiengesellschaft, Köln, Lufthansa-Werbeabteilung, Köln

Text 60: Auszug aus dem Prospekt des Landesfremdenverkehrsverbandes Bayern, München 1974, leicht geändert

S. 59: Text 61: aus dem Prospekt des Verkehrsvereins Augsburg e. V., 4. Auflage, Augsburg 1971, leicht gekürzt und verändert

S. 60: Informationsdienst der Stadt Bonn (Hg. Presseamt), Mai 1982, S. 3, leicht gekürzt

S. 62: Text 64: Test Nr. 3/1978, S. 82 aus dem Bericht „Idylle nur im Hinterland"

Text 65: BY 3/79, J. g. hrsg. v. d. Bayer. Staatskanzlei in Zusammenarbeit mit allen Staatsministerien und dem Staatsminister für Bundesangelegenheiten

S. 63: Seydlitz-Bauer, Dritter Teil: Europa, 3. Aufl., Ferd. Hirt Verlag, München, o. J., S. 106

S. 64: Text 67: Auszug aus dem: Bayerischen Monatsspiegel von Michael Zanetti, Nr. 4, 1978, S. 20, München, leicht geändert

Text 68: Mit freundlicher Genehmigung des Polyglott-Verlags, München, entnommen aus dem Großen Polyglott Reiseführer Wien, München 1975, S. 37

S. 66: Text 70: Seydlitz-Bauer, Dritter Teil: Europa, 3. Aufl., Ferd. Hirt Verlag, München o. J., S. 71

Text 71: W. Brandmüller: Damals geschehen, heute diskutiert, EOS-Verlag, St.-Ottilien, S. 8–9, leicht verändert

S. 68: Friedrich-Karl Kienetz: Das Mittelmeer – Schauplatz der Weltgeschichte, C. H. Beck'sche Verlagsbuchhandlung, München 1976, S. 13–14

S. 69: Erich Zettl: Deutschland in Geschichte und Gegenwart, Hueber-Verlag, München 1972, S. 21–32, leicht gekürzt

S. 70: Herbert Butze: Die Entdeckung der Erde, Bertelsmann 1961/LEXIKOTHEK Verlag GmbH

S. 72: in: Fischer Weltgeschichte, Band 26, Das Zeitalter der europäischen Revolution, 1780–1848 (c) Fischer Bücherei GmbH, Frankfurt a. M., 1969, S. 202, leicht gekürzt

S. 73: Text 78: Tim Guldimann: Lateinamerika, Die Entwicklung der Unterentwicklung, 1975, C. H. Beck'sche Verlagsbuchhandlung, S. 36–37

Text 79: Erich Zettl: Deutschland in Geschichte und Gegenwart, Hueber-Verlag, München 1972, S. 60–61

S. 74: Text 80: Dr. Karl Hillermeier: Die politische Einigung Europas, „schulreport" 1978/6 S. 1, Auszug, Bayer. Staatsminist. f. Unterricht und Kultus, leicht gekürzt

S. 76: Text 81: Elisabeth Schuler: Gut gekocht und doch gespart, 1959, S. 33, Schüler Verlag, Stuttgart

S. 78: Text 85: Parkhaus – Geschäftsbedingungen mit Hausordnung vom 1. 10. 77

S. 79: Esso Tankpost 1/2, 1971, abgeändert

S. 80: Ratgeber aus der Apotheke, 1. 7. 76

S. 81: Text 89: Godesberger Programm 1959, S. 22

Text 90: G. Haensch/P. Schmidt: Technik und Praxis internationaler Konferenzen, München 1957, S. 33/34, gekürzt

S. 85: Text 93: nach Original verändert

S. 86: nach amtl. Original, leicht verändert

S. 88: nach amtl. Original

S. 89, 90, 91: aus: A. Lane: Internationales Formularbuch, Hueber-Verlag, München, 1969